JE LES CROYAIS PAUVRES, ALORS QU'ILS ÉTAIENT PEULS

5-7, rue de l'Ecole-Polytechnique, 75005 Paris

http://www.harmattan.fr
diffusion.harmattan@wanadoo.fr
harmattan1@wanadoo.fr

ISBN : 978-2-343-07891-5
EAN : 9782343078915

Jean-Paul Minvielle

Je les croyais pauvres, alors qu'ils étaient Peuls

Essai sur la mondialisation et le développement

L'Harmattan

Du même auteur :

MINVIELLE (N.), MINVIELLE (J.P.) – 2010 – *Le design d'expérience* – Bruxelles : De Boeck, 194 p.

MINVIELLE (J.-P.), SMIDA (M.), MAJDOUB (W.) (Ed. sc.) - 2009 - *Tourisme saharien et développement durable : enjeux et approches comparatives* - Actes du colloque international « Tourisme et Développement ». Tozeur (Tunisie), 9 au 11 novembre 2007, Imprimerie Officielle de Tunisie, 646 p.

MINVIELLE (J.-P.), LAILLER (A.) - 2005 - *Les politiques alimentaires au Sénégal depuis l'indépendance* – Paris, l'Harmattan, 197 p., coll. Ethique économique.

MINVIELLE (J.-P.), DIOP (A.), NIANG (A.) - 2005 - *La pauvreté au Sénégal : des statistiques à la réalité* - Paris, Karthala, 288 p., coll. Economie et Développement

MINVIELLE (J.-P.) - 1999 - *La question énergétique au Sahel* - Paris, Karthala, 176 p., coll. Economie et Développement.

MINVIELLE (J.-P.) GUIMARAES (L.) - 1997 - *Les systèmes énergétiques dans un environnement sahélien en mutation : potentialités et politiques* – Lisbonne, Université Nouvelle de Lisbonne/Commission Européenne, 77p.

MINVIELLE (J.-P.) (Ed. sc.) - 1996 - *Systèmes d'information et questions de développement* – Cahiers Sciences Humaines de l'ORSTOM, n° 4/96, 199 p.

« *Quand on nous a dit que Christophe Colomb*
avait découvert l'Amérique,
nous avons éclaté de rire ».

Navarre Scott Momaday
Ecrivain amérindien de la tribu Kiowa
Prix Pulitzer 1969 de la meilleure fiction
Professeur à l'université de Berkeley

À Mary-Anne

Sommaire

Préambule

« De tout ce qui est écrit, je n'aime que ce que l'on écrit avec son propre sang.
Ecris avec du sang et tu apprendras que le sang est esprit »
F. Nietsche[1]

Cet ouvrage résulte de quarante années d'expérience de terrain : pratique de la recherche fondamentale en anthropologie économique, enseignement universitaire dans différents pays du Nord et du Sud, consultance et expertise auprès de nombreuses organisations internationales, bilatérales et nationales vivant de l'aide mondiale au développement. Une immersion de longue durée qui a permis d'analyser de l'intérieur aussi bien les modes de fonctionnement des Peuls du Fouta Toro ou d'autres ethnies d'Afrique que ceux des experts de la Banque Mondiale, du PNUD ou de la FAO. Mais qui a surtout permis de prendre conscience, au-delà des discours consensuels et moraux, des rationalités véritables des acteurs engagés dans le business du développement. Une ethnologie qu'il fallait partager.

Mais il n'y a pas que cela, il y a aussi, pour les avoir longuement fréquentées, la grande tristesse de voir détruites, dans leurs âmes, leurs cultures et leurs identités, des populations vernaculaires qui ne demandaient rien à personne. Et surtout pas d'être « aidées » pour finir aliénées. Une mise sous tutelle résultant du fait que peu avaient compris qu'elles n'étaient ni pauvres ni sous-développées, mais simplement Peuls, Alakalufs ou Algonquins ce qui, au-delà des apparences dévoyées d'un matérialisme trivial qui ne voit de richesse que dans le consumérisme, vaut bien d'autres cultures.

Par l'aveuglement du « développement » il ne convenait donc pas de les voir ainsi, telles qu'elles étaient. Il fallait, par la principale magie du verbe et de la conceptualisation, les ravaler

---

[1] Nietzsche, F. (1883).

au rang de pauvres et sous-développées pour justifier de les prendre en charge au nom de la supériorité morale et technologique de l'homme occidental sur l'indigène attardé. Et tout cela au nom de pas grand chose, au nom d'un « développement » vide de sens malgré l'apparence patiemment élaborée, au fil des discours consensuels et des conceptualisations utilitaristes, d'une évidence quasiment ontologique, d'un but ultime auquel devrait souscrire l'ensemble de l'humanité.

Il est désormais trop tard pour agir et la sublime diversité des cultures, ce patrimoine de l'humanité, s'est à présent diluée dans la bouillie mondialisée de la normalisation marchande et culturelle planétaire. Le business de la compassion et de l'aide internationale, lui, continue à se développer. Il touche désormais tous les secteurs, y compris les plus improbables comme celui du tourisme qui devient, en ce début de siècle, « responsable » et « humanitaire ». Les derniers vestiges des mondes vernaculaires sont ainsi transformés en réserves folkloriques, enfin marchandisées pour augmenter encore le PIB (et donc le bien-être) planétaire.

Punta Arenas, Patagonie, novembre 2012. Face au détroit de Magellan, ce « découvreur », nous rencontrons, par le hasard de nos pérégrinations, la dernière des Alakalufs, petite créature hors d'âge, chétive et recroquevillée. Elle est désormais dans les livres, photographiée, répertoriée. Mais c'est tout de même la DERNIERE… et personne n'y peut plus rien désormais.

L'incarnation cruelle de la fin des mondes vernaculaires...

Je les croyais pauvres alors qu'ils étaient Peuls

« *Le barbare, c'est d'abord l'homme*
qui croit à la barbarie »
C. Lévi-Strauss

Une longue immersion d'ethnologie participante au sein de deux catégories génériques de populations vernaculaires : celle des autochtones d'Afrique et celle des experts internationaux du développement. Deux catégories imbriquées, la seconde vivant (très bien) de l'assujettissement et de l'instrumentalisation de la première. Un assujettissement procédant du conditionnement culturel et académique dominant : celui de l'évidente suprématie du modèle de développement occidental et de l'impérieuse nécessité d'en faire bénéficier les peuples les plus « attardés » de la planète. Pour le jeune chercheur confronté au terrain, cette évidente suprématie s'est trouvée rapidement érodée au contact des populations autochtones, Peuls, Wolofs et Toucouleurs du Fouta Toro, et de la vie quotidienne partagée à une époque où le Sahel n'était pas encore devenu le calice amer de la culpabilité occidentale, le terrain de jeux et le fonds de commerce de sa bienfaisance médiatisée par la prolifération métastasique des organisations en tout genre, gouvernementales ou non, autodéclarées en charge du développement et de la charité occidentale. Il fallait en témoigner.

Occident, occidental : cette notion essentielle de la construction du paradigme du développement mérite quelque explication. Étymologiquement, par son origine latine, l'Occident signifie le lieu où le soleil se couche par opposition à l'Orient, celui où il se lève : l'Ouest par opposition à l'Est. Comme il n'a échappé à personne que notre planète est une sphère, il en découle qu'Est et Ouest peuvent être situés en n'importe quel point de sa surface et qu'il s'agit là de notions relatives, tout au moins dans leur stricte acception géographique, directement dépendantes de la position de l'observateur à partir de laquelle se définiront les quatre points cardinaux. Il en va différemment sur le plan géopolitique où la différenciation Est/Ouest revêt une tout autre signification et fait référence, au-delà du simple positionnement spatial, à des systèmes politico-socio-économiques différents.

On voit bien que ces deux oppositions Est/Ouest et Occident/Orient, qui devraient se trouver indéterminées sur la superficie de notre planète, sont en fait précisément situées de part et d'autre d'un point de référence qui n'est autre qu'un pivot européen dont le positionnement précis s'est quelque peu déplacé au cours des siècles. À l'origine, il est généralement admis que ce point de différenciation entre Occident et Orient s'est situé à Athènes, lieu d'implantation du premier méridien de référence avant qu'il ne soit supplanté par celui de Greenwich parallèlement au déplacement de l'épicentre de l'Occident vers l'Europe de l'Ouest. Mais il ne faut pas se limiter à cette superficialité topographique. Plus qu'à un simple positionnement géographique, ce centrage européen de la division du monde fait en réalité référence à des différenciations profondes en termes de sociétés, de culture et de convictions de tous ordres, morales et religieuses pour les plus déterminantes d'entre elles. Ces différenciations ont émergé, et ont donné naissance à cet Occident dominateur du monde avec l'extraordinaire expansion qu'a connue l'Europe à partir de la fin du XVIème siècle dans tous les domaines : commerce, industrie, culture, sciences, arts. D'autres civilisations avaient, auparavant, connu des avancées également considérables dans ces mêmes domaines : sociétés précolombiennes, Egypte, Chine, monde arabe pour ne citer que les plus connues. Pour autant, aucune ne s'était inscrite dans cette dynamique prométhéenne d'envahissement planétaire et de conversion civilisationnelle qui a émergé alors du monde occidental. C'est d'ailleurs là un mystère dont l'analyse a donné lieu à d'innombrables travaux : qu'est-ce qui a pu conduire à cette « rupture majeure », à ce « tournant dans l'histoire de l'humanité » qu'a été cette expansion sans précédent - si ce n'est peut-être la révolution néolithique qui se caractérisait, elle, par une évolution technologique décisive - d'un modèle particulier de civilisation ? Sans doute, en partie tout au moins, la transition d'une vision circulaire et répétitive du temps, propre aux sociétés traditionnelles, vers une nouvelle vision linéaire et téléologique d'un devenir organisé autour d'une aspiration au développement perçue comme une vérité enfin révélée à l'humanité et non pas comme le simple produit, à un moment donné, d'une conjonction d'idées, de savoirs et de techniques. Aspiration dont nous verrons, à travers l'émergence du concept de sous-développement et autres notions annexes, qu'elle s'avérera insatiable, conduisant ainsi l'humanité tout entière à une frustration sans fin dans sa quête d'un objectif par définition inatteignable.

C'est sur ces prémisses que s'est progressivement construite, fait unique dans l'histoire par son ampleur planétaire, cette notion récente de l'Occident perçu comme modèle universel d'un développement d'essence quasiment ontologique. On notera d'ailleurs avec intérêt, mais aussi avec un certain amusement pour ce qui est de la combinaison surprenante des points cardinaux, l'émergence progressive au XXème siècle d'une nouvelle différenciation, l'opposition Nord/Sud, au sein de laquelle la notion de Nord recouvre celle d'Occident, le Nord se confondant alors avec l'Ouest... Ce qui n'est d'ailleurs pas dénué de fondements dans la mesure où, si l'occidentalisation a progressivement gagné l'ensemble de la planète, elle s'est tout de même mieux implantée dans les pays asiatiques émergents, considérés comme étant à l'Est, qu'elle ne l'est dans les pays du Sud. Au-delà de ces arguties, ce qui apparaît le plus significatif est que, considéré au départ comme porteur de valeurs chrétiennes, humanistes, universelles et morales, l'Occident est aujourd'hui au contraire largement perçu comme athée, matérialiste, déshumanisant, normalisateur et sans scrupules.

Il convient cependant de relativiser tout cela au regard de l'histoire de l'humanité en rappelant, à la suite de Claude Lévi-Strauss, que « la révolution scientifique et industrielle de l'Occident s'inscrit tout entière dans une période égale à un demi-millième environ de la vie écoulée de l'humanité. On peut donc se montrer prudent avant d'affirmer qu'elle est destinée à en changer totalement la signification »[2]. Un peu de modestie

---

[2] Levi Strauss, C. (2002).

donc, et de retenue. Tout en notant cependant que, depuis la rédaction de ces lignes à la fin des années 1940, les capacités autodestructrices de la civilisation occidentale se sont suffisamment accrues pour qu'elle soit désormais devenue à même, sinon de « civiliser » l'ensemble de la planète, tout au moins de l'aliéner dans sa totalité et de bouleverser fondamentalement le devenir de l'humanité, fût-ce dans le pire des sens... Et si le plus grand des humanismes ne résidait pas dans sa capacité à préserver l'humanité elle-même ?

Je les croyais pauvres alors qu'ils étaient Peuls, c'est là l'enseignement essentiel de ce qui fut un long et passionnant parcours, de quarante années passées à étudier la confrontation avec cette bienveillance destructrice qui a imposé le « développement » à des populations qui ne demandaient rien et illustraient parfaitement, pour nombre d'entre elles, le principe de Lao Tseu suivant lequel le seul vrai riche est celui qui se contente de ce qu'il a. Un accomplissement que seul l'aveuglement généralisé et institutionnalisé, qui travestissait une différence en incapacité, interdisait de voir. Des populations qui n'ont eu d'autre choix que de se soumettre à la charité qui leur était imposée, la rendant ainsi légitime aux yeux de ces « bienfaiteurs » venus du nord. Un droit d'ingérence, un devoir d'« aide au développement » uniquement justifiés par cette mystification destructrice qui faisait voir des pauvres là où il n'y avait que des populations différentes, des exclus là où il n'y avait que des hommes, de vrais riches en vérité si l'on s'en tient à la définition qu'en donnait le théosophe perse Sohravardî : celui qui a, en lui-même et en sa perfection, de quoi se passer des autres. Ce qui était bien le cas des Peuls installés au Fouta Toro et vivant depuis des millénaires en harmonie avec leur environnement, malgré les accidents climatiques et les aléas des siècles, avec leurs souffrances et leurs bonheurs, leurs joies et leurs peines, sans qu'il n'ait jamais été besoin de les « aider » pour survivre et traverser les siècles. Jusqu'à ce que la goinfrerie occidentale ne décide de se les approprier pour de mauvaises puis de supposées bonnes raisons. Des populations qui certes ne partageaient pas les ambitions et les vaines envies d'*homo œconomicus*, son aliénation matérialiste, pour ne pas dire sa démence lorsque l'on voit les résultats obtenus, les souffrances actuelles de la planète et l'incapacité généralisée à y faire face. Ce qui a conduit l'ethnologue Claude Lévi-Strauss à considérer que la civilisation occidentale, par ses excès, était en train de procéder à son « auto-expropriation » de l'humanité.

C'est bien cette assimilation du constat de la *diversité* des cultures à une *inégalité* qui constitue le cœur du problème en autorisant le diagnostic péremptoire qu'« ils en sont encore au Moyen-Âge ». Et qu'il conviendrait donc de les prendre par la main, de se substituer à leur propre autonomie, pour les conduire sur la voie merveilleuse du développement universel. Le problème n'est plus alors celui de la mise en contact des groupes et des cultures mais bien celui des liens qui les unissent et qui soumettent les uns aux autres. Un lien qui résulte tout simplement du fait que les espagnols de Pizarre étaient là pour conquérir, possédaient des vaisseaux, des armures et des chevaux, les troupes coloniales des canons et des fusils, et les dominants du XXIème siècle des banques et des multinationales. La conquête a changé de nature mais n'en est pas devenue moins violente. Elle en arrive même, à présent, à breveter et s'accaparer le vivant, aboutissant ainsi à la monstruosité consistant à interdire aux paysans de réutiliser leurs propres semences.

En quoi le constat de ces différences pouvait-il rendre ces sociétés illégitimes, si ce n'est à considérer que l'archaïsme constaté en matière de progrès technologique devait automatiquement conduire à en déduire des archaïsmes identiques dans tous les autres domaines constitutifs de la culture et de la civilisation, voire même de l'humanité ? Une vision ne procédant que de notre propre aveuglement et de notre ignorance des réalités et des motivations profondes de ces systèmes socio-économiques rationnellement élaborés au regard de leurs finalités propres qui, faut-il le rappeler, valaient bien les nôtres.

En quoi cela pouvait-il justifier ce qu'il faut bien appeler un véritable ethnocide, accompli au nom du Bien et de la bonne conscience occidentale ? Un ethnocide dont Jacques Monod nous rappelle en quelques mots la logique et la justification en énonçant que « c'est à l'intérieur de notre civilisation elle-même qu'il convient de rechercher les causes de l'ethnocide. L'acceptation 'naïve' ou l'affirmation cynique de la 'supériorité' occidentale, la croyance mystique selon laquelle la civilisation occidentale est 'La Civilisation' par excellence, un absolu et non un ensemble de coordonnées, sont consternantes à l'heure où[3], tant à l'intérieur que hors d'Europe, on commence à prendre conscience de la nécessité, pour la civilisation occidentale, de se transformer elle-même radicalement si elle veut survivre à l'émergence d'un monde qu'elle s'efforce, depuis plus de quatre siècles, de conquérir en le niant »[4]. Ce qui rappelle Max Weber qui, il y a à présent plus d'un siècle, s'interrogeait déjà sur les circonstances particulières qui ont fait que c'est dans la civilisation occidentale, et uniquement dans celle-ci, qu'ont pu apparaître des phénomènes culturels qui ont revêtu une signification et une valeur universelles[5].

Et tout cela pour quoi ? Pour satisfaire à l'idéal d'un « Développement » majuscule érigé en doxa[6], en une véritable théodicée[7] à laquelle l'ensemble de l'humanité se devrait d'adhérer

---

[3] Écrit en 1972, déjà..!

[4] Monod, J. (1972).

[5] Weber, M. (1905).

[6] Compréhension du monde fondée non pas sur sa « réalité », inatteignable par l'être humain, mais sur l'interprétation qui en est faite à travers les opinions, les préjugés et les cultures. Cette interprétation se transmue en « doxa » dès lors qu'elle devient une représentation collective dominante et indiscutable, quelles que soient ses imperfections, ses approximations et ses insuffisances. Le Développement est donc bien une doxa pour les sociétés modernes, une simple idéologie. Transcrite en opposition entre Bien et Mal, la doxa peut se transcender en théodicée.

[7] Analyse de la confrontation entre la perfection de Dieu et l'existence du mal, la théodicée se traduit ici, pour le sujet qui nous occupe, comme l'impériosité de l'action de l'homme contre le mal et l'injustice ou tout au moins contre ce qu'il identifie comme étant, à ses yeux, le mal et l'injustice. L'homme contribue ainsi à « rendre meilleure encore l'œuvre de Dieu ». L'action contre la pauvreté et pour le développement s'inscrit alors dans le grand dessein de l'humanité tout

sans discussion ni détour. Un développement infirme, bancal et maquillé en ce qu'il n'est pas, étroitement circonscrit à une seule considération comptable : la « Croissance », majuscule elle aussi, totem construit sur l'accroissement quantitatif infini des consommations marchandes, cette aliénation d'*homo œconomicus* travestie en un accès au bonheur que nous aurions la charge de faire partager à la planète entière. Un développement d'aliénés, de victimes consentantes prêtes à tout pour faire succomber à leur tour ceux qui étaient suffisamment forts, ou matures, ou tout simplement « humains » pour avoir pu s'en passer durant des millénaires.

C'est cet assujettissement au progrès technique et à l'échange marchand généralisé qui est venu légitimer l'« aide au développement » apportée à des populations coupables de vivre bien, en harmonie avec leur environnement, dans des systèmes structurés autour de relations sociales. Des systèmes multiséculaires, symbiotiques avec leur environnement et largement éprouvés. Des populations qu'il deviendra dès lors opportun de qualifier de « pauvres », puis de « sous-développées » simplement parce qu'elles trouvaient la satisfaction de leurs besoins en dehors de la sphère marchande et du progrès technologique (ce qui ne veut pas dire qu'il n'y avait pas d'échanges, mais qu'il n'y avait pas de recherche systématique de la maximisation de la captation de plus-value par l'échange monétaire au bénéfice essentiel d'une minorité de privilégiés). Et pourtant, on l'oublie trop rapidement, la révolution agraire tout d'abord, puis la révolution industrielle en Europe, si elles furent la source d'enrichissements impressionnants pour certains, furent avant tout des périodes de crises considérables pour la grande majorité des populations déstabilisées par la privatisation de certains biens publics (enclosures par exemple) et la marchandisation généralisée. Y compris celle de la force de travail désormais soumise à un marché dominé par les employeurs. Tout cela au

---

entière et devient un impératif auquel nul ne peut se soustraire, répondant ainsi au besoin métaphysique de l'homme moderne, confronté à la vacuité de son environnement consumériste et matérialiste, de donner un sens à sa vie.

nom de la rationalisation et de l'efficacité économique, d'un développement réduit à la seule dimension de l'économie marchande et de la croissance permanente de la consommation de biens et services au détriment de l'harmonie et du lien social. Dans cette logique, et face aux ralentissements des marchés du Nord, il s'est alors avéré opportun d'inventer le « sous-développement » et la « pauvreté » des populations du Sud comme justifications à la mainmise occidentale sur de nouveaux espaces à « mettre en valeur ».

Ce n'est que par la mise en perspective de cette gigantesque escroquerie du développement (et de son marché) que l'on peut comprendre les ressorts réels et les dangers de l'engouement actuel vers une bienfaisance internationale qui n'a d'humanitaire que le nom car, justement, elle nie l'humanité des « autres » en ne les voyant plus comme différents mais comme inférieurs, pauvres et incapables. En les transformant en assistés voués désormais, n'en déplaise aux bien-pensants, à ne plus être Peuls mais sous-développés, en les coupant de leurs racines et de leur identité pour faire d'eux, pour paraphraser Marc Bloch, « les fils de leur temps et non plus de leurs pères… ». La société occidentale, marchande et matérialiste, en est ainsi arrivée à ne plus voir dans les sociétés vernaculaires que ce que le prisme déformant du consumérisme la conduisait à percevoir comme des sociétés périmées, des reliques sans aucune valeur - si ce n'est comme curiosités touristiques et donc, encore une fois, comme marché d'un tourisme ethnologique en pleine expansion - des vestiges d'un âge inférieur et révolu de l'humanité[8]. A les considérer comme des attardés à façonner et à « aider » afin de leur permettre d'accéder aux promesses d'un développement économique perçu comme ambition naturelle et universelle de l'ensemble de l'humanité.

Face aux destructions accomplies, le temps est déjà passé de « laisser les hommes des civilisations condamnées par le contact avec la nôtre lancer leur ultime message avant que la marée

[8] Renaud, R. (1972).

noire des sociétés modernes n'efface leurs traces »[9]. Il est trop tard, la bienfaisance a fait son œuvre et a englouti et digéré les sociétés vernaculaires « tout comme une immense carpe aurait avalé un minuscule poisson bien plus beau qu'elle, laissant les arêtes blanchies de son passé se mêler à l'ordure sous l'action des terribles sucs digestifs du progrès »[10].

La question que l'on peut encore se poser, par pure considération intellectuelle car il est bien trop tard, est celle de savoir si le monde, pour vivre mieux et de manière enfin durable, n'aurait pas eu plus besoin d'une aide morale et éthique apportée à l'occident « développé » par les populations vernaculaires plutôt que d'une aide humanitaire et économique de l'occident. Une aide qui, au nom d'un « droit »[11] d'ingérence fort à propos inventé et considéré comme allant tellement de soi qu'il évoluera ensuite progressivement vers un « devoir » d'ingérence, aura surtout servi à aliéner ces mêmes populations, à détruire leurs structures socio-économiques et à les entraîner à notre suite dans nos propres errements autodestructeurs. Tout cela bien que, en ce début du XXIème siècle, les *trente glorieuses* se soient finalement muées en *trente menteuses*, en fausses promesses, et que les espoirs d'un mieux-être permanent se soient effondrés dans l'abîme des désillusions de l'aliénation généralisée à la consommation marchande face à laquelle seuls les plus soumis demeurent incapables de discerner que la surconsommation d'IPhones ne mène qu'à... la surconsommation d'IPhones dans l'attente fébrile et jamais assouvie de son remplaçant du lendemain[12]. Et, accessoirement, à la destruction de notre planète, ce bien commun de toutes les cultures...

---

[9] Verdier, A. (2008).

[10] Simmons, D. (1992).

[11] Mais de quel droit s'agit-il ? Celui du plus intelligent, du plus humain ou tout simplement celui du plus fort ?

[12] En France, chaque année, 1 million de tonnes de vêtements sont jetés à la poubelle...

Le développement, un mythe destructeur.

À l'origine, le *Développement*...

Croissance, Développement : appropriés, si ce n'est confisqués par les experts, les technocrates et les politiques, ces mots, manipulés par les discours, ont acquis la puissance d'évidences qu'ils n'ont pas. Ils ont un sens et une histoire que les modèles dominants de pensée ont progressivement travesti en les déconnectant toujours plus des réalités qu'ils recouvrent. Récupérés par un discours universaliste à prétention mondiale niant la diversité et les réalités historiques concrètes, frappés du sceau de l'évidence indiscutable, ils se retrouvent dévoyés et instrumentalisés comme espoirs d'un monde toujours meilleur.., demain...

Pour plus d'efficacité, et afin de se parer des atours d'une pseudo scientificité, ils ont été outrageusement simplifiés et transcrits en une variable statistique caricaturalement réductrice, la *croissance économique* mesurée par la simple sommation de la totalité des valeurs ajoutées marchandes créées durant une période au sein d'un pays : le Produit Intérieur Brut (PIB). Nous reviendrons plus loin sur l'escroquerie que représente le fait d'assimiler un tel agrégat macroéconomique à une prétendue mesure du développement et, par voie de conséquence, à un marqueur de bien-être dont on voudrait nous faire accroire, à l'encontre de toutes les évidences, qu'il ne cesserait de croître avec la consommation marchande.

Ainsi va la mondialisation, et le modèle dominant qui enjoint aux plus défavorisés de suivre la marche générale même si, en raison des différentiels déjà acquis de richesse, leur retard accumulé ne peut que s'aggraver. En effet, et même si l'on accepte de retenir le PIB comme marqueur de développement, que vaut la croissance de 7% d'un PIB de 100 contre la croissance de 2% d'un PIB de 1000 ou de 10.000 ? Et que vaut-il si on le pondère par les taux de croissance démographique des pays considérés, considérablement plus élevés que ceux des pays dits développés. La réponse est simple : toujours plus de retard et toujours plus d'impossibilité à le rattraper. D'autant plus que, comme la CNUCED (Conférence des Nations Unies sur le Commerce et le Développement) le reconnaît elle-même « Des signes inquiétants donnent toutefois à penser que cette croissance n'a pas été équitable et qu'elle n'a guère contribué à la réduction de la pauvreté » et que « dans ce contexte, les perspectives des PMA à court et moyen terme ne sont pas très encourageantes »[13]. Ainsi, entre le début des années 70 et le milieu des années 90, et malgré des taux de croissance compris entre 5 et 7 %, le PIB réel par habitant des Pays les Moins Avancés (PMA) a diminué par rapport à celui des autres groupes de pays (pays développés et pays en développement) passant de plus de 2 % à 1 % seulement. Il représentait près de 40 % du PIB réel par habitant des autres pays en développement en 1970, contre moins de 20 % au milieu des années 1990[14]. Le léger mieux constaté depuis le début des années 2000, essentiellement dû aux difficultés rencontrées par le monde occidental confronté à des crises successives et à la ruée des pays gros consommateurs comme la Chine vers les matières premières et les territoires encore « inexploités », ne peut rendre plus optimiste quant aux évolutions prévisibles dans le futur. D'autant plus que, selon les prévisions du Fonds Monétaire International (FMI), les PMA ne devraient enregistrer, entre 2010 et 2016, que des taux de croissance inférieurs d'un point et demi à ceux constatés durant la période d'expansion précédente. Ce qui amenait la CNUCED à conclure dans son rapport 2011 que « la réduction de la pauvreté reste néanmoins particulièrement modeste et la plupart des objectifs du Millénaire pour le Développement (OMD)[15] relatifs au développement humain sont hors de portée dans la majorité de ces pays »[16]. On relèvera ainsi que, d'après les dernières prévisions, le nombre de personnes vivant dans l'extrême pauvreté dans les PMA devrait s'établir à

[13] CNUCED (2013).

[14] CNUCED (2011).

[15] Les Objectifs du Millénaire pour le Développement (OMD) ont été adoptés en 2000 et formulés pour être atteints à l'horizon 2015.

[16] CNUCED (2011).

439 millions en 2015, alors que l'OMD à atteindre était de 255 millions seulement. Des OMD qu'aucun des Pays les Moins Avancés n'aura atteint en 2015[17], ce qui a conduit les opérateurs infatigables du développement à « tirer de cette expérience les grands enseignements qui serviront à éclairer les politiques futures et à multiplier les chances de faire aboutir les ODD[18] associés au programme de développement pour l'après-2015, qui seront beaucoup plus ambitieux que les OMD et qui orienteront le débat sur le développement des quinze prochaines années »[19]. Les OMD (Objectifs du Millénaire pour le Développement) n'ont pas été atteints… allons-donc pour les ODD (Objectifs de Développement Durable) ! Un changement de dénominations que la CNUCED n'hésite pas à qualifier de « tournant dans les politiques de développement ». Une magie du verbe qui conduira bien évidemment les PMA à « révolutionner leur économie par une transformation structurelle sans précédent »[20]. Ne doutons pas que le bilan des ODD en 2030 sera certainement très proche de celui des OMD en 2015. Malgré tous les discours incantatoires et consensuels, la CNUCED était conduite à reconnaître, en novembre 2014, que plus de 75% de la population résidant dans les 48 Pays les Moins Avancés vivait dans une situation de pauvreté.

On est là bien loin des espoirs donnés en 1949 par le Président des États-Unis Harry Truman qui, en formulant le concept de pays « sous-développés » leur laissait ainsi entrevoir l'espoir de devenir à leur tour « développés ». Confirmant par la même occasion l'unicité et l'universalité du modèle consumériste et productiviste occidental qui ne laissait désormais plus aucune place, sur une planète appelée à se mondialiser irréversiblement dans les décennies qui suivront, à des voies alternatives d'évolution dont, pourtant, la plupart avaient largement fait la preuve de leur durabilité pour reprendre un autre terme à la mode.

---

[17] CNUCED (2014).

[18] Objectifs de Développement Durable

[19] CNUCED (2014).

[20] CNUCED (2014).

Ce discours ouvrait ainsi sur une réalité virtuelle purement discursive qui sera par la suite renforcée avec le passage à la dénomination, plus politiquement correcte et enjôleuse, de « pays en voie de développement » : continuez à suivre le chemin que nous vous montrons, vous avez franchi la première étape et êtes sur la voie de la réussite... Un cheminement d'autant plus étrange que l'histoire du développement économique est récente, 200 ans tout au plus, et que les sociétés occidentales elles-mêmes se sont accommodées, des millénaires durant, de ne point connaître la croissance. Étaient-elles alors sous-développées ou plutôt en symbiose avec leur environnement ? Couraient-elles plus ou moins de risques qu'actuellement d'épuiser des ressources limitées et de se retrouver, un jour prochain, confrontées à l'impasse au bout du chemin ? Et peut-être serait-il utile de rappeler, en reprenant Karl Polanyi, que si la Révolution industrielle du XVIIIème siècle a permis une « amélioration presque miraculeuse des instruments de production, (celle-ci s'est) accompagnée d'une dislocation catastrophique de la vie du peuple »[21] qui fit que « dans l'espace d'une génération, tout le monde habité fut soumis à cette influence corrosive »[22]. À tel point qu'il en vint à définir cette période comme celle du « *Satanic Mill*, cette *Fabrique du Diable* qui écrasa les hommes et les transforma en masse »[23] pour la simple raison que « le nouveau credo était entièrement matérialiste et impliquait que, moyennant une quantité illimitée de biens matériels, tous les problèmes humains pourraient être résolus »[24]. Quelle meilleure définition pourrait-on donner de ce paradigme du développement et quelle meilleure justification pourrait-on trouver à la légitimité d'imposer aux populations assujetties du Sud de subir à leur tour ces mêmes dislocations au titre de leur devoir de se développer également, c'est-à-dire à procéder à « la transformation de la substance naturelle et humaine de la société en marchandise », conduisant ainsi à « briser les relations

[21] Polanyi, K. (1944).
[22] Polanyi, K. (1944).
[23] Polanyi, K. (1944).
[24] Polanyi, K. (1944).

humaines et menacer d'anéantir l'habitat naturel de l'homme »[25].

Et c'est bien là que réside fondamentalement la tromperie qu'il y a à vendre ces mots de *Croissance* et *Développement* pour ce qu'ils ne sont pas, à laisser penser qu'ils pourraient être synonymes de toujours plus de bien-être et de bonheur, en tous lieux et pour tous. Alors qu'il s'agit de simples constructions conceptuelles culturellement et temporellement datées visant à réduire les aspirations humaines à la seule mesure de leur capacité à s'insérer dans une économie de marché qui, comme il est trop souvent oublié, n'a jamais existé sous la forme extrême que nous lui connaissons actuellement à d'autres époques que la nôtre. C'est pourquoi il est nécessaire de décrypter cette sociodicée occidentale afin de retrouver, sous les assertions impératives et autoritaires des experts et des spécialistes, le palimpseste des mots et leur signification véritable. Quelles sont les réalités de ces mots puissants et impérieux ?

Le *Développement…* S'il est un mot incompris, galvaudé, usé par la force des répétitions et des travestissements, c'est bien celui de développement et ce ne sont pas ses derniers avatars du développement dit *durable* ou *soutenable* qui viendront nous contredire. Dans les discours consensuels sur les aspirations et le devenir de l'homme, le développement semble relever d'un impératif durkheimien de valeur universelle à laquelle l'ensemble de l'humanité se devrait d'adhérer. Cette nécessité du changement et de l'évolution, de la remise en cause de l'existant, cette négation de la légitimité de systèmes d'organisation anciens homéostatiques combinant au mieux aspirations humaines et contraintes de l'environnement, revêt dans nos sociétés occidentales le caractère d'une véritable théodicée. En tant que telle, celle-ci conduit à l'excommunication de tout choix anti-développement qui sera alors considéré comme passéiste ou rétrograde voire même comme égoïste par refus de partager avec les populations non développées, considérées non pas comme différentes mais comme attardées, les bonheurs et

[25] Polanyi, K. (1944).

les joies de la modernité. Une illustration de cet état de fait nous est donnée par cette phrase terrible d'Albert Schweitzer qui, sous les apparences de l'altruisme et du respect de l'autre, nie son identité propre en raison d'un ethnocentrisme qui présuppose une ambition générale de l'humanité au développement. Cette phrase qui, de fait, explicite l'autorité supérieure de l'occidental sur les hommes d'Afrique : « l'homme africain est mon frère, mais c'est mon cadet de plusieurs siècles ». Tout est dit : étant mon frère il doit donc forcément partager avec moi les mêmes besoins et les mêmes aspirations mais, étant mon cadet et ne disposant donc pas de capacités aussi développées que les miennes, il ne se trouve pas en mesure d'atteindre ses objectifs. Je me dois donc de l'aider dans cette voie en prenant en charge ce qu'il n'est pas capable de faire par lui-même.

Or rien, si ce n'est le discours moderniste dominant et désormais imposé à la quasi totalité de la planète, ne permet d'affirmer qu'il puisse exister une raison ontologique[26] à l'universalité du besoin de développement. Pas plus qu'il n'existerait une irraison à se satisfaire de modèles d'organisation ayant fait la preuve, par leur simple survie durant des millénaires d'existence, de leur adaptation à leur environnement et de leur capacité à permettre aux populations vernaculaires de vivre sur leurs territoires. Et non pas seulement d'y survivre, contrairement à ce qui est souvent énoncé de la manière la plus condescendante par les thuriféraires du modèle d'évolution de l'humanité autodéclarée « développée ».

Le développement, entendu comme une aspiration universelle et perpétuelle de l'humanité à modifier en permanence ses conditions de vie, économiques, mais aussi culturelles et sociales, ne va pas de soi. Il mérite donc que l'on s'interroge sur ce que recouvre ce terme si consensuel et pourtant si mal connu.

---

[26] Une raison antérieure à toute construction idéologique, culturelle ou simplement intellectuelle.

Tout d'abord un préalable indispensable est celui de la différenciation entre développement et croissance, trop souvent assimilés l'un à l'autre.

Le bien-être et les fausses promesses de la croissance

La croissance, cette incantation répétée *ad nauseam* par les dirigeants politiques comme but et moyen ultime de la marche vers plus de bien-être et de bonheur, est tout simplement un banal agrégat comptable mesurant l'augmentation de ce qu'il est convenu d'appeler la « richesse économique » d'un pays. Une « richesse » qu'il convient, nous y reviendrons, de mettre entre guillemets tellement elle s'avère différenciée des niveaux de bonheur qu'elle est censée mesurer. Une tâche bien difficile que cette ambition de pouvoir mesurer, ne serait-ce qu'en raison du fait que la définition même de l'objet concerné prête à controverse : que sont le bien-être, et le bonheur ? Pour qui, où et quand ? Même si l'on s'accorde sur des définitions tacitement partagées de ces concepts flous, pour des sociétés données, en un lieu et une époque données, bonheur ou bien-être demeurent des valeurs plus relatives qu'absolues, variables d'un individu à l'autre.

Ainsi il est bien connu, en psychologie sociale, que le niveau ressenti de bien-être ou de bonheur d'un individu procédera de deux déterminants essentiels : d'une part de l'évolution de sa propre situation qui fait que tout progrès sera générateur de bien-être, quel que soit le niveau auquel on se situait au départ, d'autre part du niveau relatif de sa situation par rapport à son environnement proche. Il a ainsi été constaté qu'un « pauvre » pouvait se déclarer heureux si son niveau de pauvreté venait à diminuer ou si ses voisins se trouvaient être encore plus pauvres que lui. À l'inverse, un bien plus riche pouvait se déclarer malheureux s'il se trouvait environné d'encore plus riches ou bien si sa situation venait à évoluer défavorablement alors même qu'il demeurait très bien doté. L'économiste Thorstein Veblen avait souligné dès 1899 cette tendance de l'individu à toujours vouloir se comparer à l'autre dans une dynamique de rivalité ostentatoire qui le faisait s'enfermer dans une spirale de besoins non essentiels toujours croissants et, par définition, impossibles à assouvir ; les classes inférieures s'évertuant à se rapprocher, par des comportements de consommation mimétiques, de classes supérieures toujours plus inaccessibles car engagées elles-mêmes dans la même dynamique de compétition ostentatoire. Ce constat de la difficulté à évaluer les niveaux de bien-être individuels, et encore plus à les transcrire en une mesure chiffrée universelle, souligne l'impossibilité de l'évaluation du bien-être collectif, évaluation qui se trouve immédiatement confrontée à la difficulté méthodologique de procéder à l'agrégation, en une préférence collective, d'une multiplicité de préférences individuelles. Ce problème, malgré la sophistication des approches et des modélisations toujours plus complexes, n'a toujours pas pu être résolu par les économistes malgré tous leurs artefacts pseudo-scientifiques. On s'en remet donc encore, par facilité et surtout par carence d'alternative crédible, à cet indicateur macroéconomique dévoyé qu'est la croissance. Faute de mieux et malgré les efforts consentis depuis les années 80 à 90 pour l'élaboration d'indicateurs plus pertinents, efforts dont nous donnerons quelques exemples plus loin.

La croissance mesure donc, d'une année sur l'autre, l'évolution de certaines grandeurs comptables macroéconomiques. On parlera ainsi de Produit Intérieur Brut, ou PIB, comme de la mesure de la totalité de la valeur ajoutée marchande créée sur le territoire national pendant une année, valeur produite par l'ensemble des acteurs économiques opérant à l'intérieur des frontières, qu'ils soient nationaux ou étrangers. Le Produit National Brut, ou PNB, mesure pour sa part la totalité de la valeur ajoutée produite par les opérateurs nationaux, qu'ils opèrent à l'intérieur du pays ou à l'étranger. Ainsi, pour reprendre un exemple récemment médiatisé, Renault produisant à l'étranger contribue au PNB de la France et non pas à son PIB, alors que Toyota construisant ses véhicules en France contribue au PIB français et au PNB japonais. La croissance, dès lors, se définit tout simplement comme le pourcentage d'augmentation, d'une année sur l'autre, de l'un ou l'autre de ces agrégats comptables. En tant que tel, elle a un véritable sens économique et comptable, mais de là à laisser entendre qu'elle puisse être un marqueur ou, pire encore, un vecteur de développement ou de bien-être…

Au sein de notre planète mondialisée, on le comprendra aisément, c'est le PIB qui prime pour l'évaluation de la croissance « utile » car c'est l'activité au sein des frontières nationales qui conditionnera ces domaines sensibles que sont les niveaux de l'emploi et des revenus, susceptibles d'influer sur les niveaux de bien-être de la population. Il sera donc plus bénéfique, à cet égard, que Toyota vienne produire et vendre ses véhicules en France plutôt que Renault produise les siens à l'étranger, fût-ce à moindre coût. C'est donc cette création de valeur ajoutée locale qui contribuera le plus à ce que l'on dénomme communément la création de « richesse », un terme ambigu en raison de sa connotation essentiellement positive. Le fait de ramener la croissance à de la richesse comme l'énoncent systématiquement les discours dominants, politiques en particulier, en promettant des jours meilleurs si elle venait à être au rendez-vous est un abus lorsqu'il sous-entend une amélioration à en attendre concernant le bien-être ou l'amélioration des conditions de vie. Cette doxa est largement dénuée de fondements, pour trois raisons au moins.

La première est que la croissance quantitative de la valeur ajoutée créée à l'intérieur d'un pays n'implique en rien qu'elle sera également partagée entre tous ses habitants. Bien au contraire, l'histoire montre que cette valeur ajoutée est de plus en plus captée par les plus riches au détriment des moins favorisés, auxquels il faudrait ajouter cette nouvelle catégorie, en pleine croissance, des exclus : ceux ne participant plus à l'activité économique générale mais condamnés à vivre d'allocations dites « de solidarité ». Pour ces derniers, la croissance ne signifie rien de plus qu'un indicateur de la capacité de la société (État et organisations caritatives diverses) à leur permettre, par l'assistance, d'assurer leur survie immédiate. On en trouvera une illustration caricaturale dans la politique de « lutte contre la pauvreté » initiée en 2013 par le gouvernement français et dont l'essentiel des mesures consistait à augmenter les minimas sociaux et élargir les allocations diverses, conduisant ainsi, à défaut de véritablement lutter contre la pauvreté, ce qui est beaucoup plus complexe que de simplement accorder des prébendes, à renforcer l'assistanat. Et aboutir ensuite à des satisfecit concernant la « diminution des inégalités ». Mais la raison politique s'accommode parfois mal de la simple raison.

On se rappellera également que, si l'échelle des revenus et celle de la richesse sont bornées vers le bas - on ne peut gagner moins que zéro - elles sont par contre sans limite vers le haut. Il est donc parfaitement envisageable que la totalité de la création additionnelle de valeur ajoutée puisse être entièrement captée par les plus hauts revenus, ce qui ne transparaîtra pas à travers la valeur moyenne d'évolution représentée par la croissance du PIB. Cet indicateur ne s'intéressant qu'à la croissance d'une valeur absolue et ne tenant aucun cas de sa répartition, une croissance forte pour un pays ne signifiera donc pas automatiquement un mieux-être pour l'ensemble de la population. Pis encore, il ne fait pas la différence entre la part de la valeur ajoutée allant aux salaires (le plus grand nombre d'individus dans une population) et celle allant aux revenus du capital et à la spéculation. L'évolution de la Chine en est une parfaite illustration avec l'augmentation concomitante du nombre de riches et d'hyper riches et du nombre de pauvres[27] : une illusion de développement en grande partie due au fait que, partant de rien, la délocalisation d'une grande partie de l'activité industrielle occidentale dans ce pays ne pouvait que générer de la croissance économique. Pour reprendre l'expression d'Immanuel Wallerstein, une croissance de « seconde main »[28]. À l'inverse de cette évolution, une croissance limitée, voire nulle, pourrait parfaitement s'accompagner d'une forte amélioration du bien-être de la grande majorité de la population si la répartition de la valeur ajoutée était améliorée, une faible perte pour un petit effectif de très riches pouvant se traduire par une forte augmentation du

[27] Nous reviendrons largement plus loin sur ce terme de « pauvre » que nous employons ici dans son acception commune. En fait, nous le verrons, les réalités de la pauvreté sont beaucoup plus complexes que ne le laisserait entendre ce sens commun, ce qui permet de comprendre comment il peut y avoir à la fois croissance du nombre de riches et du nombre de pauvres par dilution de la normalité moyenne du plus grand nombre.

[28] Wallerstein, I. (2000).

bien-être pour un nombre plus important de pauvres. Sur le plan scientifique, on retombe ici sur la problématique de l'agrégabilité des préférences individuelles en une préférence collective qui, jusqu'à présent et malgré certaines avancées méthodologiques sur lesquelles nous reviendrons plus loin, n'a toujours pas permis de construire un indicateur synthétique raisonnablement pertinent.

Malgré ces insuffisances manifestes, cette doxa de la croissance comme vecteur de réduction de la pauvreté n'admet aucune contradiction, même aux plus hauts niveaux de compétence ou de responsabilité : on ne plaisante pas avec la théodicée économiciste. On se souvient ainsi de la démission, en juin 2000, de l'économiste Ravi Kanbur de son poste de haut fonctionnaire à la Banque Mondiale après qu'il eut, dans le rapport de la Banque intitulé « Attaquer la pauvreté », osé affirmer que la croissance n'entraînait pas de réduction des inégalités ou de la pauvreté. Ce rapport, insolemment hétérodoxe dans son propos, mettait l'accent plus sur la redistribution que sur la croissance afin de lutter contre la pauvreté et soulignait donc, par voie de conséquence, les effets destructeurs pour les plus pauvres des politiques d'ajustement structurel, procroissance, imposées par le FMI et la Banque Mondiale.

La seconde raison est plus fondamentale car elle tient à la nature même de la mesure de la croissance et à la croyance suivant laquelle ce simple agrégat comptable de valeurs ajoutées marchandes aurait une capacité quasi magique à mesurer l'évolution du bien-être. Il suffit pour se convaincre de cet abus de rappeler que le PIB mesure TOUTES les valeurs ajoutées, celles contribuant à augmenter le bien-être comme celles contribuant à le dégrader. Certaines évolutions des modes de vie que le « développement » a induites contribuent puissamment à la croissance. Le déplacement des classes moyennes à l'extérieur des grandes villes en raison des coûts trop élevés de l'immobilier et des loyers a entraîné un ensemble de coûts additionnels tous favorables à la croissance de cet agrégat comptable simplement parce qu'ils obligent à la dépense monétaire et donc à l'échange marchand : dépenses de transport pour se rendre quotidiennement au travail, dépenses de garderie pour les enfants, dépenses de restauration rapide sur le lieu de travail, etc. Si l'on s'en tient à ce postulat d'une relation positive entre croissance et bien-être, il y aurait donc plus de bonheur à vivre éloigné de son lieu de travail, à passer chaque jour plusieurs heures dans les transports en confiant la garde de ses enfants à des tierces personnes et en déjeunant dans des fast-food qu'à vivre une vie de famille près de son lieu de travail… Les 170 milliards de dépenses de santé engendrées par la pollution atmosphérique contribueraient ainsi également à notre bien-être. D'autres types de dépenses, dites réparatrices, sont également favorables à la croissance. Ainsi, les accidents d'automobiles, qui représentaient 120 milliards de coûts directs en 2000 et le triple en coûts indirects[29], ainsi que les accidents climatiques contribuent, par les réparations et les coûts supplémentaires qu'ils impliquent, à augmenter le PIB. La guerre également. On peut ici rappeler ce que Patrick Viveret, Conseiller Référendaire à la Cour des Comptes a appelé le « paradoxe de l'Erika » : le naufrage de ce bateau, par les coûts considérables de réparation des dégâts causés, a contribué de manière positive à la croissance du pays en 1999/2000. Pour autant, pourrait-on considérer que cet accident a pu participer, d'une manière ou d'une autre, à l'accroissement du bien-être de la population française ? Pis encore, ou plus caricatural, est le cas des bénévoles qui ont participé au nettoyage des plages : leur travail n'étant pas comptabilisé dans le PIB ils ont donc contribué à le réduire alors que, si cette tâche avait été confiée à des sociétés privées, et donc rémunérée, elle l'aurait augmenté. La conclusion s'impose d'elle-même : ce bénévolat qui a limité la création de valeur ajoutée a donc conduit, si nous acceptons le postulat d'une relation positive entre PIB et bien-être, à diminuer le bonheur de l'ensemble des français. Une assertion difficile à soutenir… La médecine préventive elle-même, en ce qu'elle permet d'éviter des pathologies plus graves et donc de coûteuses dépenses de médecine curative, des arrêts de travail, des dépenses d'assurance, l'embauche de travailleurs de substitu-

[29] Viveret, P. (2002).

tion dans les cas d'incapacité, constitue un frein à la croissance. Est-elle pour autant contraire au bien-être ?

A ces dépenses dites réparatrices on peut également ajouter les dépenses préservatrices. Vivre dans un pays très dangereux induira par exemple des coûts importants en matière de protection contre le vol et les agressions, induisant de la croissance sans que l'on puisse en déduire un meilleur bien-être par rapport à un pays sûr dans lequel ces dépenses seraient inutiles. Mais il n'y a pas que ces dépenses réparatrices ou préservatrices pour doper la croissance en diminuant le bien-être. Certaines industries y contribuent également et de manière ordinaire comme par exemple les industries d'armement, de même que les trafics illégaux en tous genres dès lors que l'argent qu'ils produisent est réintroduit par blanchiment dans les circuits légaux, ou bien les consommations considérées comme nuisant au bien-être public dès qu'elles sont abusives, alcool, cigarettes et surmédication par exemple. Le gaspillage et la dévastation des ressources naturelles gratuites peuvent également contribuer à la croissance. L'ancien ministre Claude Allègre préconisait ainsi, dans un éditorial du magazine Le Point du 10 janvier 2013, de développer l'exploitation du gaz de schiste en France par forage et fracturation hydraulique, malgré les effets dévastateurs et irréversibles sur l'environnement. À ses yeux, les « perspectives grandioses » de relance de la croissance économique par la diminution des coûts de l'énergie valent largement que l'on accepte l'empoisonnement de la nature et des eaux qui a pu être constaté aux États-Unis où ces techniques sont utilisées. Et peu importe que désormais, comme en Alaska, ce soit un bouillon noirâtre et inflammable qui coule de nos robinets, du moment que la croissance s'en porte mieux…

Le PIB agrège ainsi, pour reprendre une expression connue, « le beurre et les canons » dont on peut supposer qu'ils ne participent pas également à l'amélioration du bonheur collectif. Vladimir Poutine, alors premier ministre de Russie, ne s'y trompait d'ailleurs pas lorsque, dans un discours prononcé le 20 février 2012 il déclarait que, contrairement à une idée reçue, la course aux armements n'avait pas été la cause de la ruine de l'URSS mais au contraire un puissant vecteur de croissance. Ceci le conduisait alors à faire d'un réarmement massif de la Russie un argument de campagne pour sa nouvelle candidature à l'élection présidentielle : « le renouveau du complexe militaro-industriel va devenir une locomotive pour le développement des secteurs les plus divers ». Pour l'économie, un canon a la même « valeur » marchande que plusieurs tonnes de beurre.

Enfin, troisième raison, la croissance ne mesure que les échanges marchands et ramène le bien-être à ces seules transactions monétarisées. Elle exclut ainsi de cette soi-disant mesure du bien-être toutes les relations non marchandes qui font la qualité du lien social et de la vie collective : les services rendus gratuitement, les soins apportés par des bénévoles aux nécessiteux, les actions des associations, etc. On arrive ainsi au constat que la suppression de ces gratuités conduirait à de fortes augmentations de croissance. Faire payer désormais tout service rendu, par exemple indiquer une adresse à quelqu'un, donner l'heure, amener les enfants de son voisin à l'école, rémunérer les bénévoles des « restos du cœur », viendrait ainsi, en augmentant la création de valeur ajoutée marchande, puissamment contribuer à la croissance. Plus absurde encore on pourrait, en obligeant chacun à cuisiner pour son voisin et non pour soi-même et en contraignant ainsi à un échange marchand, même à somme nulle (j'achète à mon voisin pour le même prix que ce que je lui vends), augmenter la valeur ajoutée créée à l'intérieur du pays[30]. Pourtant, qui pourrait croire que de telles pratiques, même si elles conduisent à augmenter le PIB, pourraient contribuer, de quelque manière que ce soit, à améliorer le bien-être collectif ? C'est pourtant là la logique, poussée jusqu'à l'absurde il est vrai, d'une vision du développement circonscrite à la seule dimension de la croissance quantitative des échanges marchands et qui entérine le fait que seul ce qui a un prix est

[30] Evidemment, ces transactions seraient soumises à la TVA qui viendrait alourdir la facture des ménages mais, en contrepartie, ce gain supplémentaire pour l'État pourrait être utilisé, soit pour doper encore plus la croissance par l'augmentation de la dépense publique, soit pour permettre une baisse générale des taux de cette taxe.

considéré comme ayant de la valeur. Le prix, cette valeur triviale et relative qui rend tout interchangeable et qui, pour Kant, se différenciait de la dignité, supérieure à tout prix et qui, par suite, n'admet pas d'équivalent échangeable[31].

On pourrait ainsi, avant de conclure sur ce point, laisser la parole à Patrick Viveret qui, chargé sous le gouvernement Jospin de redéfinir les indicateurs de richesse, paraît peu suspect d'anti-économisme primaire. Il démontre bien les encastrements d'intérêts particuliers qui conduisent à continuer à privilégier le PIB comme mesure de la richesse d'une nation, un « bien curieux thermomètre » selon ses propres termes : « Les formes actuelles de comptabilisation de la richesse ont ainsi pour effet d'accorder une sorte de prime à la destruction et à la réparation lourde au détriment de la prévention et de réparations moins coûteuses si la "casse" écologique, sociale ou sanitaire était moins importante. Les "casseurs", ou les bénéficiaires de la casse, qui vont voir gonfler leur chiffre d'affaires, ne sont guère intéressés à la limitation de la destruction et les payeurs (pour l'essentiel l'État, la Sécurité sociale et les collectivités locales) sont eux-mêmes financés par des impôts ou des cotisations assises sur les flux monétaires, ceux liés aux activités destructrices étant loin d'être négligeables. Les véritables victimes du système que sont les citoyens contribuables n'ont, eux, guère les moyens de se faire entendre et ils n'imaginent d'ailleurs même pas, pour la plupart, l'étrange mélange qui compose cette croissance dont ils pensent le plus grand bien »[32].

La conscience de ces insuffisances existe et a conduit à l'élaboration de certains indicateurs synthétiques qui tentent d'y répondre en valorisant monétairement ces services gratuits en leur affectant une valeur marchande. Dans certains cas, on est même allé jusqu'à affecter une valeur négative à des éléments représentant un coût social comme, par exemple, le chômage ou la destruction de certaines ressources naturelles économiquement gratuites ce qui ne signifie pas pour autant sans valeur.

---

31 Kant, E. (1785).

32 Viveret, P. (2002).

Ces tentatives méthodologiques, tout à fait intéressantes en ce qu'elles tentent de pallier des carences avérées des instruments classiques, appellent cependant un commentaire. Elles se situent toutes dans le paradigme économiciste le plus orthodoxe qui consiste à tout apprécier par le biais de la seule valeur marchande et à considérer que ce qui n'a pas de prix n'a pas de valeur. En d'autres termes, à demeurer dans le modèle de pensée marchand qui fait que « l'argent fait le bonheur », ce qui aboutit à des situations paradoxales. Par exemple, pour la comptabilité nationale, contempler gratuitement un coucher de soleil sur une plage ne crée pas de valeur ajoutée et donc pas de bien-être, alors que la même activité organisée par un opérateur touristique, et donc payante, viendrait, elle, contribuer à l'amélioration du bien-être collectif. Le paradigme économiciste dominant voudrait ainsi que je tire plus de plaisir (un économiste parlerait d'utilité) d'un coucher de soleil payant que d'un coucher de soleil gratuit. L'absurdité saute aux yeux.

Il est tout de même extrêmement préoccupant de constater que dans le système occidental actuellement dominant, pour qu'une chose soit prise en considération il s'avère absolument indispensable de savoir combien elle vaut sur le marché. La prise de position de Claude Allègre est de ce point de vue particulièrement illustrative : le litre de carburant a une valeur marchande considérablement supérieure à celle du litre d'eau potable fournie au robinet. Il est donc plus utile pour la croissance de permettre la production de l'un, fût-ce au prix de la destruction de l'autre. Et peu importe que l'eau potable soit, pour l'être humain, plus indispensable que le carburant de son automobile. On en vient alors, pour que de tels dégâts puissent être pris en considération, le bon sens ne suffisant pas, à devoir valoriser monétairement quelque chose d'aussi évidemment nocif que la pollution, sans quoi aucun acteur économique ne s'en préoccuperait… Ce sont ainsi les seules valeurs de l'économie marchande qui priment, celles du gain individuel sur le bien-être collectif. La justice, l'équité, le lien social, le souci de l'autre et de l'environnement naturel doivent dès lors, pour être respectés, être affectés d'une valorisation monétaire. On cherche vainement le progrès de telles dynamiques de « développement » par rapport aux pratiques dites « sous-développées » des sociétés traditionnelles dans lesquelles les relations marchandes ne sont que le moyen de se procurer le nécessaire, et non pas la finalité et la mesure de toute activité humaine.

Depuis quelques années, ce que certains ont pu appeler la « nouvelle économie » tente de trouver des réponses au constat que l'économie actuelle n'est ni équitable ni durable. Elle vise donc d'une part à préserver la terre et ses ressources, d'autre part à assurer une meilleure répartition des richesses produites, enfin à préserver l'avenir des générations futures. Elle s'articule autour du concept de développement durable développé en particulier dans le rapport Bruntland de 1987 (*Our common future*, 1987) et du constat que l'humanité produit, consomme et pollue déjà bien au-delà de ce que la Terre peut supporter. Le changement d'orientation qui doit se faire sera, soit le résultat d'une évolution délibérée, soit le résultat d'une catastrophe mondiale, soit une combinaison des deux.

Cette « nouvelle économie » se caractérise par…

- le passage de la « richesse des nations » à la richesse de la planète (mondialisation) ;
- la préservation des ressources et de l'environnement ;
- l'introduction dans l'analyse de la qualité de la vie, de l'éthique et de la morale ;
- la prise en considération des bénéfices et coûts sociaux et environnementaux ;
- l'évolution d'une focalisation macro vers une focalisation micro-économique (davantage centrée sur les personnes et leur responsabilisation) ;
- l'évolution du concept de croissance (dont l'indicateur est le PIB) vers ceux de durabilité, de qualité de vie, de relations sociales, de protection de l'environnement (indicateur de bien-être économique d'Osberg et Sharpe, approche de Putnam, etc.) ;
- le passage à des modes de fonctionnement responsables en favorisant les activités favorables socialement ou

environnementalement et en pénalisant celles qui ne le sont pas ;

- une approche plus systémique, synergique et holistique.

… et se préoccupe donc plus des besoins des personnes et de la Terre.

On peut dire de cette « nouvelle économie » qu'elle a émergé lors de la Conférence des Nations Unies sur l'environnement en 1972 et la publication de différents ouvrages : *Only one earth* (Ward B. et Dubos R.), *The limits of growth*, mieux connu sous la dénomination de Rapport du Club de Rome (Meadows D.), *Blueprint for survival* (Ecologist Magazine) et, en 1973, *Small is beautiful : economics as if people counts* (Schumacher E. F.). En 1984 s'est tenu le premier TOES (The Other Economic Summit) créé en opposition au sommet du G7. Dans les années 90, on assiste à la parution d'innombrables livres consacrés à la nécessité d'une nouvelle économie et dont les titres tournent autour de la fin ou de la révolution de l'économie. C'est également à cette époque qu'est créée la Commission pour un Développement Durable au sein de l'ONU.

Au niveau de l'économie mondiale, le libre échange apparaît dans ce paradigme comme une illusion de liberté et le système mondial organisé par l'OMC se révèle dominé par les grandes firmes. Il faut donc créer des institutions de bonne gouvernance internationale car, comme le disait le dominicain Lacordaire : entre le fort et le faible, c'est la liberté qui opprime et la loi qui affranchit. Le « commerce équitable » ne peut donc résulter d'un « marché libre » sur lequel s'opposent forts et faibles, riches et pauvres dans des rapports de force totalement déséquilibrés et sur la base de contrats léonins. Enfin se pose la question essentielle de savoir pourquoi, au nom de quelle morale ou quelle raison ontologique, il serait désormais devenu impérieux, comme l'impose le modèle mondialisé dominant abusivement qualifié de « développé », de se battre avec des travailleurs situés à l'autre bout du monde pour fabriquer et vendre des produits non nécessaires à une vie décente.

La « nouvelle économie » considère donc que parler de crise à propos des difficultés actuelles est un abus de langage : les déséquilibres sont structurels et non pas conjoncturels. La croissance n'est pas un but en soi : elle n'est ni désirable ni indésirable. Les ressources naturelles et humaines ne doivent plus être considérées du seul point de vue de leur valeur économique, ce qui conduit à la remise en question de la primauté de la seule « valeur ajoutée » et à la différenciation entre la valeur ajoutée positive pour la société et la valeur ajoutée négative à partir de la définition des « regrettables ».

Cette approche a conduit à l'exploration de nouvelles voies visant à la détermination d'indicateurs plus pertinents. On notera au passage que toutes ces recherches ont été menées sur la base du postulat que le bien-être, puisque c'est bien de lui qu'il s'agit finalement, pouvait être évalué de manière quantitative afin de satisfaire aux besoins de la comptabilité et de l'analyse économique. L'étape ultime n'a donc toujours pas été franchie, celle consistant à considérer que le bonheur, ou le bien-être, pouvait être autre chose qu'un simple agrégat macroéconomique et que les destins des peuples pouvaient être autre chose que la course éperdue vers la maximisation de cet agrégat, fût-il le plus pertinent. Ces recherches ont donc conduit à l'élaboration d'indicateurs sans doute plus significatifs, mais encore bien insuffisants. Ce qui nous intéresse particulièrement ici est de voir dans quelle mesure ces nouvelles approches nous renvoient des images finalement très différentes de celle, trompeuse et optimiste, proposée par le seul PIB et sa transcription, la croissance. Ces nouveaux indicateurs ont émergé durant les décennies 80-90, sous l'influence du rapport Bruntland.

Dans l'introduction à son rapport annuel de 1996, le Programme des Nations Unies pour le Développement (PNUD), énonçait ainsi que « le développement humain est une fin dont la croissance économique est le moyen » et que « les dernières décennies montrent clairement qu'il n'existe pas automatiquement de lien entre croissance économique et développement humain ». Dès le début des années 90 le PNUD élaborait alors deux indicateurs synthétiques permettant de prendre en considération des facteurs de bien-être d'une population plus significatifs que la simple sommation de valeurs ajoutées marchandes. L'Indicateur de Pauvreté Humaine (IPH) et l'Indicateur de Développement Humain (IDH) sont ainsi censés mesurer, chacun dans son domaine, les progrès accomplis en matière de lutte contre la pauvreté ou pour le développement. On notera avec intérêt que ces indicateurs intègrent, comme leur nom l'indique, des dimensions humaines dont on peut supposer qu'elles sont mieux corrélées au bien-être des populations que la simple dimension marchande : taux d'alphabétisation, santé, espérance et conditions de vie, etc. Ils sont ainsi bâtis sur le constat de la déconnexion, au moins partielle, entre développement économique et développement humain. Pour autant, le PIB n'en est pas absent puisqu'il entre également dans le calcul de l'IDH sous la forme du PIB réel par habitant, désormais remplacé par le Revenu National Brut par Habitant (RNBH).

Le problème posé par ces nouveaux indicateurs, outre leur hétérogénéité qui peut être discutable, est qu'ils pâtissent d'une grave biais méthodologique dans la mesure où les sous-indicateurs qui les composent ont des valeurs moyennes et des intervalles de variation très différents qui conduisent, pour une simple raison mathématique, à rendre certains composants abusivement dominants dans le résultat final. Ainsi, il a été constaté par exemple que le seul taux d'alphabétisation venait quasiment phagocyter l'ensemble de l'IPH et donc rendre caduque la signification attendue de sa complexité qui apparaît, dès lors, inutile[33]. Comme le rappelait Paul Streeten, ces dénominations trompeuses ne doivent donc pas abuser : « De tous les éléments que contiennent les rapports annuels du PNUD sur le développement humain, celui qui a le plus attiré l'attention du public est sans doute le plus faible sur le plan de l'analyse, à savoir l'Indicateur de Développement Humain (IDH) »[34]. Le prix Nobel d'économie Amartya Sen, pourtant critique de cet indicateur qu'il jugeait trop sommaire, lui trouvait néanmoins une justification : « Cet indicateur simple était clair et a reçu une attention

33 Minvielle, J.-P. ; Bry, X. (2003).

34 Streeten, P. (1995).

soutenue. Il a permis à la réalité complexe contenue dans le reste du rapport[35] de trouver un lectorat intéressé »[36]. Ceci montre que, malgré leurs faiblesses méthodologiques, ces indicateurs répondaient à une attente importante d'instruments mieux adaptés et plus sérieux d'évaluation du bien-être que ne pouvait l'être le PIB dont l'inadaptation était devenue trop manifeste.

Durant la même décennie, le Fordham Institute for Innovation on Social Policy formulait un Indice de Santé Sociale (ISH, Index of Social Health) basé sur la combinaison de 16 indicateurs primaires tels que la mortalité infantile, le taux de suicide, le taux de chômage, l'usage de stupéfiants, l'espérance de vie, etc., tous supposés entretenir un lien, positif ou négatif, avec le bien-être. Cependant ici encore, du fait de l'hétérogénéité des variables retenues et de l'influence de leurs pondérations relatives, la méthodologie proposée a pu faire l'objet de critiques qui remettaient en question la capacité de cet indice à répondre à la question posée, à savoir l'évaluation quantitative du bien-être et de son évolution. Au-delà de ces réserves dont il ne nous appartient pas de débattre ici, il demeure intéressant d'observer comment un tel indice a pu évoluer au cours du temps aux États-Unis et de comparer cette évolution avec celle du PIB par tête. On relève ainsi que, pour une base 100 commune en 1970, le PIB par tête s'établissait en 1996 à plus de 160 alors que l'Indice de Santé Sociale baissait pour se positionner à moins de 60[37]. Quelles que soient les réserves méthodologiques que l'on peut formuler à l'égard de l'ISH, ces résultats laissent perplexe et remettent en question la validité généralement accordée au PIB comme indicateur du bien-être et de son accroissement : de ces deux indicateurs, l'un indiquant une amélioration, l'autre une dégradation, l'un ou l'autre doit forcément être erroné dans sa prétention à indiquer l'évolution réelle du bien-être.

---

35 Il s'agit du Rapport Mondial sur le Développement Humain du PNUD.

36 Sen, A. (1999).

37 Gadrey, J. (2002).

Cet exemple montre bien les écarts considérables de diagnostic résultant d'un simple changement de norme. Mais ces écarts font également apparaître une autre caractéristique méthodologique rendant totalement inapproprié le PIB comme indicateur de bien-être. En effet le PIB, par sa nature même de simple sommation de valeurs ajoutées marchandes, peut, théoriquement tout au moins, croître jusqu'à l'infini. On ne peut en dire autant du bien-être dont il apparaît totalement irréaliste d'envisager qu'il puisse également croître jusqu'à l'infini et donc que nous nous retrouverions nous-mêmes, sociétés autodéclarées « développées », en permanence « en voie de développement » dans une quête interminable d'objectifs inatteignables… comme les autres pays du tiers-monde finalement. Ceci confirme ce que nous savions déjà, à savoir que le PIB, dont la pertinence macroéconomique demeure indiscutable mais relève exclusivement du domaine de l'économie quantitative, ne peut fournir une évaluation correcte du bien-être. Les enquêtes régulières d'opinion sur le moral des populations montrent d'ailleurs clairement cette absence de corrélation. De ce point de vue l'ISH, tout comme l'IDH d'ailleurs ainsi que les autres indicateurs de même nature, étant méthodologiquement bornés par la limitation des évolutions possibles des variables les constituant, apparaissent bien plus pertinents. La majorité des variables prises en compte dans ces nouveaux indicateurs sont en effet bornées vers le haut ou vers le bas : le taux de chômage peut diminuer jusqu'à atteindre le niveau zéro mais pas au-delà, de même pour la consommation de stupéfiants, la mortalité infantile ou la plupart des 16 composants retenus, à la notable exception des niveaux de salaires qui, eux, ne sont théoriquement pas plafonnés et pourraient donc croître sans limites.

Si les évolutions divergentes entre PIB et ISH peuvent donc être expliquées, en partie tout au moins, par leur construction mathématique, il n'en demeure pas moins que, dans notre exemple, leurs évolutions divergentes, l'un ayant baissé et l'autre augmenté dans des proportions significatives, laissent perplexe et rendent impossible la réponse à une question simple : le bien-être a-t-il, finalement, augmenté ou diminué ? Et pour qui ? Les riches, les pauvres ou les classes moyennes ?

Quelle conclusion tirer du différentiel considérable constaté en 1996 ? Que la « richesse » par tête a pu augmenter de 60 % mais que, dans le même temps, la santé sociale s'est fortement dégradée ? Certainement, mais alors quelles en sont les conséquences en termes de bien-être ? Le simple constat de ce différentiel remet en cause les discours officiels et le consensus social qui en découle sur la capacité du PIB à constituer, à lui seul, une mesure objective du bien-être.

Toujours durant la même décennie, les économistes canadiens Lars Osberg et Andrew Sharpe, confrontés au même défi, ont élaboré un Indice de Bien-être Economique (Index of Economic Well-Being) basé également sur la combinaison de plusieurs composants. Publiés d'abord en 2000, puis 2001 dans le rapport de l'OCDE intitulé « *Du bien-être des nations, le rôle du capital humain et social* », leurs résultats montrent également une déconnexion entre leur indice et le PIB. Ainsi pour le Canada, sur une série temporelle allant de 1971 à 1999, on constate une augmentation du PIB de plus de 70 % pour une augmentation de l'IEWB de seulement 15 %. Ce différentiel s'explique lorsque l'on étudie l'évolution des différents composants de l'indice durant la période. On relève ainsi la déconnexion existant entre, d'une part l'augmentation des consommations et de la richesse cumulée, composants que le PIB permet de cerner, et d'autre part la diminution de ce qu'ils nomment la sécurité économique, inversement proportionnelle aux risques de chômage, de maladie ou de chute dans la pauvreté pour les plus vulnérables, composants que le PIB ignore totalement. C'est donc tout un pan du bien-être des populations, certainement d'ailleurs le plus important, qui échappe totalement à l'évaluation par le PIB. Mais c'est sans doute dans la comparaison entre deux pays aussi différents que la Grande-Bretagne et la Norvège que la mise en relation entre PIB et IEWB est la plus intéressante. De 1980 à 1999, le PIB a connu, dans les deux pays, une progression significative et quasiment identique d'environ 50 %. Par contre l'IEWB a crû d'environ 15 % en Norvège et décru de 10 % en Grande-Bretagne après un effondrement passager qui atteindra -20 % en 1991. Cette déconnexion remarquable au Royaume-Uni entre ces deux indicateurs est le résultat des années Thatcher qui, si elles ont profité à l'économie et donc au PIB, ont également fortement contribué à augmenter l'insécurité économique dans le pays et donc, on peut le supposer, à diminuer le bien-être d'une partie de la population beaucoup plus importante que la minorité qui a su capter à son bénéfice l'essentiel des augmentations du PIB.

Dans la lignée de ce que nous énoncions précédemment concernant le problème posé par la non-valorisation marchande de services gratuits contribuant à l'amélioration du bien-être et, à l'inverse, la valorisation dans le PIB d'activités contribuant à sa dégradation, des efforts ont également été consentis. On retiendra ainsi l'ISEW (Index of Sustainable Economic Welfare) des années 90 ou le GPI (Genuine Progress Indicator) qui intègrent des variables de différentes natures, économique, sociale et environnementale, mais qui ont surtout la particularité de ne plus prendre en compte les dépenses dites réparatrices. Comme nous le disions, payer très cher une assurance contre le vol, ce qui contribue à augmenter le PIB, n'assure pas un meilleur bien-être que ne pas payer d'assurance simplement parce que le risque de vol n'existe pas. Il en est de même pour ce qui concerne les coûts considérables, et donc la création de « richesse » induite, résultant de la réparation des destructions causées par une tempête. Les résultats obtenus concernant la Grande-Bretagne et la Suède parlent d'eux-mêmes et viennent confirmer les constats faits précédemment : un creusement considérable de l'écart entre PIB et ISEW en Grande-Bretagne entre 1950 et 1990, dû pour l'essentiel à l'effondrement de l'ISEW durant les années Thatcher et l'accroissement des inégalités sociales alors que l'on observait en Suède, sur la même période, un décrochage beaucoup moins important de l'ISEW par rapport au PIB[38]. Le même constat peut être fait si l'on compare les évolutions respectives du PIB et du GPI aux États-Unis entre 1950 et 1998 : alors que le PIB par tête croissait de plus de 300%, le GPI par tête n'augmentait que de 50% !

---

38 Gadrey, J. (2002).

D'autres initiatives, nationales celles-là, montrent clairement l'universalité de ce besoin d'une meilleure évaluation des dynamiques de développement. Le Bhoutan a ainsi été beaucoup plus loin dans la démarche en élaborant, dès 1972, un indicateur intitulé, afin de ne laisser aucun doute sur sa prétention, l'indicateur de Bonheur National Brut (BNB). Conformément aux valeurs fondamentales de la spiritualité bouddhiste, le BNB était ainsi appelé à envisager le bonheur humain au-delà de sa seule composante matérialiste et marchande incarnée par le PIB. Si le PIB par tête est intégré au sein du BNB afin de prendre en considération la croissance économique, il est largement pondéré par des évaluations portant sur la préservation de l'identité nationale et de la culture, la protection de l'environnement et l'usage responsable des ressources, la bonne gouvernance. S'agissant là de composants essentiellement qualitatifs, le BNB est en partie évalué par des enquêtes auprès de la population, certainement la mieux à même d'évaluer l'évolution de son propre bien-être. Même si la transcription d'enquêtes qualitatives en un seul indice synthétique peut être, ici encore, critiquée sur le plan méthodologique, l'expérience demeure intéressante en ce qu'elle montre que, au-delà de l'augmentation inextinguible de la consommation de biens et services marchands, d'autres aspirations existent et que certains peuples le manifestent clairement.

Enfin, pour conclure sur la très relative pertinence de toutes ces approches, nous rappellerons que la Corée du Nord a publié, en mai 2011, un Indice du Bonheur Mondial (Global Happiness Index) qui classe la Chine au premier rang avec un score de 100/100 devant la Corée du Nord (98/100), Cuba (93/100), l'Iran (88/100) et en cinquième position le Venezuela (85/100). La Corée du Sud ne se retrouve, avec 18/100, que 152ème sur 203 pays classés et les États-Unis d'Amérique bons derniers avec un score de seulement 3/100. On notera que les modalités de calcul de cet indice n'ont pas été communiquées ce qui laisse songeur quant à ses qualités réelles[39]. Cet exemple n'est pas si anecdotique que cela pourrait paraître en première lecture. Il

[39] International Business Times du 28 mai 2011.

montre simplement, par la caricature, l'importance déterminante des normes et le rôle qu'elles peuvent jouer dans la validation de certaines « voies de développement » et des politiques économiques et sociales censées les favoriser. Au-delà du mépris, cette initiative doit nous interpeller dans la mesure où nous devrions y voir, par un simple effet de miroir, la caricature de nos propres excès.

Tous ces exemples montrent clairement que le PIB ne peut être considéré comme un indicateur pertinent et fiable du bien-être. On peut en avancer pour preuve la multiplication de ces propositions d'indicateurs alternatifs dont nous n'avons cité que les principaux : 29 pour la seule décennie 1990-2000[40]. Outre ses caractéristiques méthodologiques qui font qu'il ne peut en aucun cas prétendre à être un véritable indicateur de bien-être, la comparaison avec les indicateurs synthétiques élaborés pour pallier ses insuffisances montre que, quels que soient la période ou le pays considérés, on constate des décrochages considérables. La raison en est facilement intelligible : simple agrégat macroéconomique, le PIB a naturellement, ne serait-ce que par la seule capitalisation marchande, tendance à croître en permanence en additionnant mathématiquement des biens et services relevant d'une liste à la Prévert sans être pour autant constitutifs d'un véritable bien-être.

Pour autant, ces indicateurs complexes ne peuvent pas non plus être considérés comme totalement satisfaisants pour évaluer le bien-être ou le bonheur des populations. La raison en est simple : construits par des technocrates, ils résultent tous de la volonté de quantifier ce qui est, par définition même, ni mesurable ni quantifiable. Dès lors, ils s'aventurent dans des constructions théoriques qui finalement, ne parviennent même pas à satisfaire les tenants les moins éclairés de l'économie quantitative normative. Mais ils ont également un autre rôle, parfaitement défini par Jean Gadrey, qui est que « les grands indicateurs économiques et sociaux ne sont pas seulement des reflets passifs des phénomènes qu'ils prétendent résumer. Ils font aussi

[40] Gadrey, J. (2002).

partie, avec d'autres éléments de notre environnement informationnel, de ce qui structure nos cadres cognitifs, notre vision du monde, nos valeurs, nos jugements. La domination de fait de certains d'entre eux n'est donc pas neutre. Elle est portée par des acteurs dominants, contestée par des acteurs dominés. C'est un enjeu citoyen. »[41].

La conclusion s'impose d'elle-même : la croissance, mesurée par l'évolution du PIB, n'est en rien un indicateur du bien-être, et encore moins un indicateur du développement. Cette aspiration est aussi vaine que celle qui viserait à quantifier la qualité d'une œuvre d'art en se basant simplement sur son prix sur le marché, une valeur marchande dont l'établissement résulte de considérations, spéculatives entre autres, fort éloignées des critères de la beauté ou de la perfection artistique.

Le développement est d'une autre nature que la croissance, qualitatif plus que quantitatif, ce qui rend intrinsèquement artificiel et donc vain tout effort de le quantifier par des indicateurs, aussi complexes soient-ils.

---

[41] Gadrey, J. (2002).

Une petite histoire du développement

> « *Il n'y a, dans l'expansion d'un type de civilisation, liée à l'accroissement de sa production et son 'progrès technique', aucune nécessité ; c'est un acte de violence théorisé* »
>
> J. Monod[42]

Par opposition à la croissance qui est purement quantitative, l'augmentation de la taille d'une « chose » donnée, le développement qui est qualitatif se caractérise par l'évolution, la modification de la structure même de cette « chose », voire même sa disparition et son remplacement par une autre « chose » mieux adaptée. Une très bonne illustration de cette différenciation nous a été fournie par l'économiste Joseph Schumpeter lorsqu'il énonçait « vous pouvez accumuler autant de diligences que vous voulez, vous n'obtiendrez jamais une locomotive ». L'accumulation de diligences c'est de la croissance, le passage de la diligence à la locomotive, c'est du développement.

La force de cette illustration réside dans sa simplicité et permet de comprendre immédiatement la différence fondamentale de nature entre croissance et développement, entre taille et structure, entre quantité et qualité. Elle permet également de mieux saisir l'enjeu de la durabilité. L'accumulation de diligences, donc la croissance, est forcément limitée, avant tout par les besoins, ensuite par les frontières physiques de notre planète. Le développement pour sa part, caractérisé par la modification de la nature des choses, ne permet pas d'identifier de limites. Dans notre exemple extrapolé de Shumpeter, le passage de la diligence à la locomotive se poursuivra avec l'automobile, puis l'avion et ensuite sans doute avec d'autres moyens encore plus performants de transport. La question du développement durable ne se pose donc pas, en tout cas pas tout de suite, et certainement pas dans les termes dans lesquels elle est formulée actuellement.

---

[42] Monod, J. (1972).

Au sens biologique du terme, le développement est entendu comme la succession des différents stades par lesquels passe un organisme avant d'arriver à maturité. On comprend aisément que les économistes aient recours à l'analogie biologique pour justifier un développement économique qui ne serait, finalement, qu'une marche vers une maturité idéalisée. Qui pourrait s'opposer à cette dynamique, et pour quelles raisons ? N'est-elle pas, la biologie le montre, parfaitement naturelle ? En quoi la maturité pourrait-elle ne pas être désirable ?

En fait les choses ne sont pas aussi simples et le problème est double. D'une part, en raison même de sa nature profonde, le « progrès » économique ne semble pas être borné. Il est donc très peu probable qu'un jour, on assiste à l'arrivée à maturité d'un système qui pourrait alors être considéré comme accompli. L'humanité serait donc vouée à un « sous-développement » permanent. D'autre part, contrairement aux processus de développement biologiques, le « développement » économique que nous connaissons actuellement est totalement nouveau dans l'histoire d'une humanité qui a pu vivre sans lui durant des millénaires, et nul ne peut prédire où nous conduit désormais son emballement. En effet, ce n'est qu'à la fin du XVIIIème début du XIXème siècle, sur la base des théories évolutionnistes des Lumières, qu'ont été associées les idées de progrès, croissance et développement même si certains, sans doute plus lucides, voyaient déjà, comme Thomas Robert Malthus avec son *Principe de population*, les limites de l'accumulation et d'une croissance infinie de la population et ses effets néfastes sur le bonheur de l'humanité. Ce n'est qu'à partir de cette époque que la nature est apparue non plus comme une composante de notre « cosmos » mais comme une matière première à transformer et instrumentaliser au seul profit de la « croissance » : la production de biens matériels comme seul critère de la valeur et de la réussite de l'individu. Cette époque a marqué le passage du paradigme cosmocentrique de l'être humain enraciné dans son environnement au paradigme anthropocentrique de l'individu attaché dorénavant avant tout à sa propre réussite économique et sociale. C'est un des éléments qui feront que le clergé et la noblesse se retrouveront désormais en partie disqualifiés : parce qu'ils ne produisaient pas, parce qu'ils ne participaient pas directement à cette croissance économique naissante dont chacun souhaitait, désormais, s'attribuer les fruits, fût-ce aux dépens des autres : contemporains ou générations passées ou à venir.

Ceci nous amène à rappeler la différenciation qu'établissait Charles Darwin entre croissance et développement, articulée autour de l'opposition entre l'adulte et l'embryon, la dimension et la structure. Dans l'optique darwinienne le développement durable, qui concerne l'évolution de la structure, n'est donc pas un oxymore, contrairement à la croissance durable, mais un pléonasme. Le meilleur exemple d'un développement durable est la vie elle-même qui, avec ses multiples évolutions, la disparition de certaines espèces et l'émergence d'autres, se développe depuis 3,8 milliards d'années, ce développement étant marqué par le changement. Le vivant a ainsi la double capacité de se reproduire et de se différencier en s'adaptant. Le résultat de cette évolution c'est la biodiversité qui, contrairement à ce qui est souvent avancé, n'est pas uniquement une donnée patrimoniale. L'histoire de la vie au cours des millénaires c'est ainsi l'histoire de l'adaptation, de la disparition de certaines espèces et de leur remplacement par d'autres. La durabilité, c'est donc l'évolution, le changement. Certainement pas l'obligation en tous lieux, et la croissance *ad vitam aeternam*, d'un système dont le rapport à la planète qui l'héberge fait qu'il apparaît d'ores et déjà condamné, quelles que soient les arguties de ses thuriféraires.

Ce que les spécialistes appellent la cinquième crise d'extinction a eu lieu il y a 65 millions d'années et a vu la disparition des dinosaures. La sixième crise d'extinction est en cours. Elle est largement le fait de l'homme et du « développement » de ses activités prédatrices sur la planète qui engendrent la plus gigantesque érosion de la biodiversité qu'ait jamais connue la Terre. Elle s'accompagne d'une contamination chimique totale, touchant la planète d'un pôle à l'autre et sans cesse croissante, une situation jamais expérimentée depuis que la vie existe. Toujours plus, pour l'homme et pour lui seul… Cependant, si nous admettons le modèle de la vie comme exemplaire d'un développement durable, alors la destruction des systèmes écologiques et sociaux préexistants et leur remplacement par des systèmes mieux adaptés aux nouvelles conditions devient elle-même constitutive du processus de durabilité. Si ceci s'entend sur le plan sémantique, on se retrouve cependant là bien éloigné de l'acception vulgaire (et populaire) de la notion d'un développement durable assimilé au souhait peu réaliste d'une croissance ininterrompue sans changements fondamentaux, de toujours plus de gloutonnerie marchande et matérialiste sans en payer les conséquences : une accumulation infinie de diligences… Le seul développement durable qui vaille sera donc celui qui verra la disparition du modèle économiciste actuel, exclusivement consumériste et marchand, et son remplacement par un nouveau système mieux adapté. Ce n'est pas là un vœu ou une vue de l'esprit, c'est tout simplement la loi de l'évolution et celle du développement durable qui fait qu'un système devenu aussi manifestement inadapté à son environnement vital, qu'il détruit progressivement mais implacablement, sera forcément un jour ou l'autre appelé à s'adapter ou disparaître.

François Perroux, qui fait bien la différence entre la croissance, simple indicateur de dimension, et le développement, évolution des structures, considère cependant ces deux notions comme complémentaires puisqu'il voit le développement comme « la combinaison des changements mentaux et sociaux qui la rendent apte (la société) à faire croître, cumulativement et durablement, son produit réel global »[43]. Le développement serait donc, en quelque sorte, un facilitateur d'une croissance durable entendue ici comme l'augmentation permanente des valeurs ajoutées. Ces valeurs ajoutées procédant de productions non seulement matérielles mais également immatérielles, l'argument de la finitude physique du monde tombe en partie et donc, dans une certaine mesure tout au moins, également celui de l'épuisement des ressources naturelles. Ce seraient donc les espoirs d'adaptation contenus dans le développement qui permettraient de lever les barrières à la croissance.

---

[43] Perroux, F. (1964).

D'autres auteurs, comme Gilbert Rist, poussent un peu plus loin l'analyse et se font plus critiques, car plus lucides, d'un développement qui ne serait qu'un « ensemble de pratiques parfois contradictoires qui, pour assurer la reproduction sociale, obligent à transformer et à détruire, de façon généralisée, le milieu naturel et les rapports sociaux en vue d'une production croissante de marchandises (biens et services) destinées, à travers l'échange, à la demande sociale »[44]. Tout est dit en ces quelques mots. Dans le paradigme du développement économique les priorités sont inversées : la nature et les relations sociales ne sont que des entraves à dépasser, modifier ou utiliser pour parvenir à la seule fin qui vaille, l'augmentation de la consommation marchande, le bonheur par la croissance du PIB. Cette croyance implique la nécessité de la croissance économique et débouche sur ce que Serge Latouche appelle par ailleurs « l'omnimarchandisation du monde ». Une omnimarchandisation ne permettant pas d'atteindre à cet idéal de bonheur promis par les économistes, ce qui amenait Rist à conclure que « il faut en finir avec l'idée du 'développement' parce que je crois que nous allons dans le mur. Il nous faut imaginer d'autres choses. Nous devrions sortir de la frénésie de consumérisme dictée par le système. Ne pourrait-on pas vivre mieux avec tout simplement moins ? Les citoyens du Nord ne font d'ailleurs pas très envie lorsqu'on les croise dans la rue. On ne peut pas dire que nos sociétés respirent le bien-être et la convivialité. Il nous faut donc revenir à l'essentiel, à la *bonne vie* comme disait Aristote. Ici, les gens semblent déprimés, alors qu'au Sud ce n'est pas le cas. Nous avons créé une structure sociétale propice au suicide et au mal-être. Je pense que la croissance économique n'est plus nécessaire pour nous. »[45]. Sans doute, mais la croissance telle qu'elle est inclue dans le paradigme du développement présente un énorme intérêt pour les possédants de toutes natures ainsi que pour les professionnels de la lutte contre la pauvreté dans la mesure où elle permet d'envisager **la réduction de la pauvreté, non par la redistribution de l'existant mais uniquement par le partage des gains futurs**

---

[44] Rist, G. (1997).

[45] Rist, G. (2006).

attendus. Ce qui permet d'éviter d'envisager une solution pourtant évidente qui serait celle de l'éradication immédiate de la pauvreté monétaire par la simple redistribution de la richesse mondiale actuelle. Mais si la Banque Mondiale se préoccupe des inégalités, c'est principalement de celles des pauvres entre eux ou bien du rôle, positif ou négatif, que jouent les inégalités dans les dynamiques de croissance. Jamais l'hypothèse d'une redistribution immédiate n'a été, n'est ou ne sera, parions-le, envisagée.

Cette prise de conscience des échecs manifestes du développement, de cette supposée marche planétaire vers un bonheur généralisé, a conduit à la reconnaissance progressive de l'impasse vers laquelle il mène l'humanité. Son acception positive est en effet, depuis maintenant plusieurs décennies, battue en brèche par le simple constat que, contrairement à ce que l'on pouvait en attendre et en raison des abus commis par le gaspillage, la surconsommation et l'épuisement des ressources de la planète, il risquait fort de déboucher sur beaucoup moins de bien-être pour les générations futures. Depuis quelques années une nouvelle doxa est donc apparue, un nouveau poncif des expressions écrites et orales : le « développement durable », un développement censé, pour reprendre les termes du Rapport Bruntland de 1987, *Our Common Future*, pouvoir satisfaire les besoins du présent sans compromettre la capacité des générations futures à répondre aux leurs.

On a ainsi vu se constituer progressivement ce qu'il ne faut pas hésiter à appeler une véritable « communauté de foi », de pure circonstance à défaut d'une raison intelligente, autour du fait que, par la simple magie du verbe et des discours, ce « développement durable » pouvait exister, manifestant ainsi ce que Roland Barthes désignait comme étant le divorce du mythe et de la réalité avec la primauté du premier sur la seconde. Ainsi, si l'on en croit le philosophe Alain Etchegoyen, le « développement durable » existerait du simple fait que l'on en parle : « des mots s'imposent à notre conscience que nous prenons ici et là… C'est pourquoi, très souvent, le processus s'inverse : loin de dire ce que nous pensons, nous pensons ce que nous disons. En effet, nous ne pensons pas en dehors des mots. Comme nous ne prenons plus le temps de nous arrêter sur leur sens, de disséquer leurs contenus, d'analyser leurs usages, les mots prennent le pouvoir sur notre pensée. »[46].

Dans cet ordre d'idées, le développement durable doit donc bien exister puisque, non seulement on en parle, mais il est même devenu le référent incontournable de la quasi totalité des activités humaines de notre planète : développement durable du tourisme, de la production agricole, de chaînes d'épiceries franchisées ou de fast food, etc. Et peu importe que ces développements durables particuliers, combinés les uns aux autres, se révèlent souvent incompatibles entre eux et que le développement durable d'une activité au niveau micro doive parfois se faire, dès que l'on passe à l'analyse macro, aux dépens de celui du système global et inversement : toujours ce problème largement insoluble de l'agrégabilité des rationalités individuelles en une rationalité collective. L'important est l'apparence, le « label » de la contribution de l'activité à la durabilité : la dénomination travestit la réalité, la rend citoyenne et éthique. Il s'agit donc là, comme certains ont pu l'avancer, d'un concept « glouton » (nous ajouterions, pour notre part, « élastique ») dont la prégnance peut-être très facilement vérifiée : cliquer sur « développement durable » dans Google engendre 22.300.000 réponses et « sustainable development », l'original anglo-saxon, plus de 45.200.000...!

En fait, dans l'esprit sinon dans la lettre, l'approche du développement durable avait émergé il y a déjà fort longtemps et l'on en trouve trace dans les écrits de nombreux auteurs tels que John Stuart Mill en 1848, pour qui, déjà, la course permanente à la production et à la productivité ne devait pas être l'aboutissement de l'homme : les améliorations de la productivité et la mécanisation devaient permettre de travailler moins et non l'inverse. Il envisageait d'ailleurs comme tout à fait possible un développement sans croissance par simple modification des structures de la société. C'est une idée que l'on retrouvera

---

[46] Etchegoyen, A. (2006).

ensuite chez des penseurs plus récents comme Ivan Illich (l'« austérité joyeuse » des années 70) qui rêvait d'un monde moins matérialiste mais plus riche socialement et voyait dans le terme de développement un mot « amibe », une colonisation pathologique de l'imaginaire contemporain. Pour Marx le système capitaliste, compte tenu de la baisse tendancielle des taux de profit, ne peut survivre qu'en croissant et en gaspillant toujours plus de ressources. Il est donc, fondamentalement, non durable et finira par être emporté par la crise. Par exemple, l'agriculture capitaliste dépouille à la fois les travailleurs et la terre elle-même et l'augmentation de la fertilité à court terme se fait au détriment de la préservation de la fertilité à long terme. Le capitalisme est ainsi caractérisé par la fuite en avant et la vision à court terme. Keynes lui-même, dans les années 1930, se préoccupait de la question de l'avenir des sociétés dites « d'abondance ». Dans sa *Théorie générale*, on trouve en filigrane l'idée qu'un développement durable doit concilier objectifs économiques et sociaux. François Perroux nous l'avons vu, qui fait bien la différence entre croissance et développement, considérait cependant ces deux notions comme complémentaires puisqu'il voyait le développement comme facilitateur d'une croissance durable entendue comme l'augmentation permanente de la production de valeur ajoutée marchande.

Si cette question du développement économique durable se pose donc de manière bien réelle, elle est généralement ramenée à celle de la possibilité de la poursuite infinie de la croissance économique telle que nous la connaissons. La réponse à cette question est très simple et elle est négative : il n'y a pas de possibilité de croissance infinie pour la seule raison de la finitude de la planète et de ses ressources, même si la composante immatérielle de la croissance est devenue de plus en plus importante au fil des évolutions technologiques. En tout cas, il n'en existe aucun exemple. Ici encore, des centaines de pages ont été écrites et des dizaines d'articles scientifiques publiés pour argumenter sur cette fin attendue, sinon de l'histoire, tout au moins de notre modèle actuel de croissance dont rien ne laisse supposer qu'il aura, dans des temps prévisibles, la capacité à évoluer suffisamment pour assurer sa propre survie. Bien au contraire, tous les efforts des pays et des organisations internationales concourent à renforcer cette fuite en avant chaque jour accélérée, cette croissance permanente de la production et de la consommation marchande de biens et services et à tenter d'y faire participer les pays qui en sont encore pour l'instant exclus ou qui n'y contribuent que de manière marginale. Car ne l'oublions pas, générer de la croissance dans un pays, c'est également y générer de la consommation et donc des marchés possibles d'exportations pour les économies dominantes qui y trouvent ainsi leur intérêt direct. Une instrumentalisation que Jacques Monod décrivait déjà parfaitement bien, en 1972, dans sa critique de l'ethnocide des indiens d'Amérique : « quand on dit que les Indiens de la forêt sont pauvres, on veut simplement dire qu'ils ne nous rapportent rien »[47]. L'altruisme n'a ici que peu à faire.

Les dégâts du développement économique tel que nous le connaissons sont devenus trop manifestes, y compris au niveau du grand public, pour continuer à être passés sous silence. Il existe bien sûr un espoir mis en avant par les modèles évolutionnistes d'analyse du développement basés sur l'instabilité des systèmes d'interface. Dans ces modèles, le progrès technique est imprévisible et pourrait donc opérer comme réparateur des dégâts infligés à la planète. Les tenants de cette voie se situent dans le paradigme dit de la « soutenabilité faible » dans lequel le capital naturel n'a aucune valeur en tant que tel, si ce n'est sa valeur d'usage. On pourrait donc lui substituer, s'il venait à manquer, d'autres types de capital susceptibles d'offrir la même utilité. On ne s'intéresse alors qu'à l'agrégat capital, exprimé en monnaie, rejoignant ainsi la remarque que nous formulions précédemment à savoir que la seule valeur prise en compte est la valeur marchande. Cette approche est basée sur le maintien, ou mieux l'augmentation, de l'utilité globale que peut retirer *l'homo œconomicus* rationnel du système global mis en place, sans aucune considération pour les destructions irréversibles qui pourraient être infligées à un capital naturel non ou faiblement valorisé. C'est ce schéma d'analyse qui permettait à

---

[47] Monod, J. (1972).

Claude Allègre, dans son éditorial du magazine Le Point daté du 10 janvier 2013, de préconiser l'exploitation du gaz de schiste en France au motif que cela permettrait de diminuer les prix de l'énergie et de relancer la production automobile ce qui, dans son esprit, aboutirait à augmenter finalement le bien-être des français. Aucune mention n'était faite de l'éventuelle diminution de ce même bien-être qui pourrait résulter de la transformation de l'eau potable du robinet en un liquide nauséabond pour la simple raison que le prix marchand de l'eau potable se situe actuellement à un niveau très inférieur de celui du litre de super. De ce paradigme schizophrène il résulte qu'il serait plus important pour le bonheur de l'humanité de se trouver de plus en plus encapsulé au volant de toujours plus de voitures désormais impossibles à parquer ou à faire circuler dans des villes surencombrées et polluées que de continuer à profiter d'une alimentation en eau potable au robinet de son domicile ou d'un air non vicié. C'est ce type de choix qui correspondrait le mieux, selon ses dires, à un « idéal historiquement lié au progrès scientifique, clé indispensable du progrès social »...

Dans la soutenabilité forte au contraire, le capital naturel a une valeur spécifique (capital naturel critique) non agrégeable et non substituable. Cette approche proposée par le courant de l'économie écologique qui s'est développée vers la fin des années 80 prend en considération des utilités plus subjectives telles que, par exemple, la qualité visuelle des paysages et de l'environnement ou la préservation des espèces en danger. Elle considère que négliger ces considérations, qui pourraient apparaître de simple bon sens à n'importe quel être humain normalement constitué sous réserve qu'il n'ait pas été formé à l'économie orthodoxe dominante, pourrait conduire à une véritable crise de civilisation. Cette préoccupation n'est, en fait, pas si nouvelle que ça puisque, dès la fin du XIXème siècle, Elisée Reclus se préoccupait déjà de la question de l'« économie destructive » et de l'utilisation inconsidérée des ressources naturelles, et demandait la préservation de la beauté du cadre de vie[48]. Mais il était, il est vrai, géographe et non pas écono-

48 Reclus, E. (1905).

miste… La notion de capital naturel critique, dont la préservation devrait être assurée pour les générations futures, est parfaitement illustrée par les préconisations avancées par Claude Allègre en matière de gaz de schiste : il serait ainsi, pour lui, plus rationnel et plus conforme à l'idéal de bonheur de l'humanité de nous donner les moyens de gaspiller dans l'immédiat toujours plus d'énergie dans des comportements aliénants de surconsommations inutiles, que de transmettre aux générations futures le capital naturel indispensable à la vie que l'humanité a su préserver au cours de sa longue histoire, à savoir l'eau potable. On ne saurait imaginer image plus caricaturale de l'obscurantisme auquel peuvent conduire des notions mal interprétées.

Face à cette prise de conscience grandissante, et pour désamorcer l'inquiétude en faisant appel au seul pouvoir des concepts et des mots, du verbe pour tout dire, la sociodicée dominante a inventé cette nouvelle notion de *développement durable*, comme une manière pratique de contourner un problème insoluble. Répétons-le : le développement économique ramené à la seule croissance ne peut, en raison de sa nature même, être durable. Le seul chemin de développement qui sera durable sera celui qui, sans doute au prix d'une crise colossale, contraindra l'humanité à revoir fondamentalement ses modes de production et de consommation et donc le modèle économique consumériste actuel. La raison en est simple et elle est parfaitement connue. Au départ, une surpopulation de la planète avec des individus toujours plus nombreux et consommant chacun toujours plus. Comme conséquence immédiate une surexploitation quantitative et qualitative de ressources limitées. Au final, une évolution inéluctable vers une crise majeure. Tous les efforts sémantiques pour habiller autrement une réalité indiscutable, qu'il s'agisse de développement durable ou de toute autre billevesée, ne participent que d'un *storytelling* pathétique pour se donner, et donner aux opinions publiques, l'illusion de la maîtrise d'un avenir en fait devenu totalement incontrôlable car soumis aux seules forces d'une multitude d'acteurs exclusivement mus par leurs intérêts particuliers. Il serait vain d'espérer que cette sommation d'intérêts particuliers puisse, par un miracle quelconque, accoucher d'une gouvernance générale responsable. La meilleure preuve en est que, jusqu'à ce jour, les efforts conduits en ce sens n'ont pas donné de résultats concluants, qu'il s'agisse des grandes conférences mondiales censées protéger la planète de nos excès (Rio, Kyoto, etc.) ou bien de la valorisation marchande des « regrettables » ou encore de l'affligeante tentative de gouvernance par le biais de l'accord de droits à polluer eux-mêmes transformés en marchandises échangeables sur des marchés spécifiques. On notera, sur ce dernier point, que cette invention des droits à polluer, leur valorisation monétaire et leur mise en marché à contribué à gonfler les PIB : vendre des tonnes de dioxyde de carbone comme contribution à un meilleur bien-être de l'humanité... Est-il nécessaire de commenter ?

Les opérateurs de cette supposée gouvernance mondiale eux-mêmes, Organisation Mondiale du Commerce, Banque Mondiale, institutions des Nations Unies et autres, n'agissent qu'en fonction de leurs intérêts propres qu'ils protègent avec la plus grande vigueur. Nous avons rappelé précédemment la démission de Ravi Kanbur de la Banque Mondiale en juin 2000. Il conviendrait d'y ajouter les déboires de Joseph Stiglitz lui-même, pourtant prix Nobel d'économie en 2001, contraint lui aussi de démissionner en 1999 de cet organisme par manque de zèle idéologique et en raison des difficiles relations de travail qu'il entretenait avec les thuriféraires du libéralisme économique le plus orthodoxe, James Wolfenson, Président de la Banque Mondiale et Larry Summers, Secrétaire américain au Trésor ; un Joseph Stiglitz qui préconisait un développement économique moins sauvage et plus respectueux des traditions et de la souveraineté. Il publiera ainsi plus tard « Le triomphe de la cupidité »[49]. Plus encore, pour ces organisations internationales il y va de leur survie même que les problèmes qu'elles sont censées traiter perdurent, justifiant ainsi leur existence. Ne nous leurrons pas : la FAO (Organisation pour l'Agriculture et l'Alimentation), pour ne parler que d'elle, vit des famines et de l'insécurité alimentaire, pas de leur disparition à laquelle, pour-

[49] 2010 pour la traduction française.

tant, elle est censée œuvrer... C'est donc à juste titre que Gilbert Rist parlait à propos de ces institutions internationales, en 1980, de « multinationales du développement »[50] : un business extrêmement profitable dont on ne saurait attendre, sauf à être exceptionnellement naïf, qu'elles en éradiquent les raisons d'être.

La sociodicée dominante en est ainsi conduite à rassurer, par un *storytelling* en permanence renouvelé, en montrant que l'on progresse et en inventant sans cesse de nouveaux concepts. Les *pays sous-développés* des années 50 qui constituaient le *tiers-monde* conceptualisé par Alfred Sauvy et Georges Balandier sont ainsi devenus, au fil du temps et du politiquement correct des *pays en voie de développement*, ce qui tendait à signifier que la dynamique du développement y était déjà engagée et qu'ils participaient désormais eux aussi à la marche mondiale vers plus de bien-être. On se souviendra que l'invention du tiers-monde correspondait à la situation particulière de l'après-guerre dans un monde partagé entre les anciennes puissances colonisatrices affaiblies et les deux nouvelles puissances dominantes : l'URSS et les États-Unis. Cette notion s'inspirait du tiers-état de l'abbé Sieyes : celui qui n'avait rien été jusqu'alors et qui aspirait à devenir quelque chose : une troisième force émergente[51]. Extraordinaire retour de l'histoire, après la disparition du tiers-monde avec la chute du mur de Berlin, la mondialisation, avec son cortège de bannis, ne marquerait-elle pas le retour d'un tiers-état mondial ? Ou plutôt, le tiers-monde n'aurait-il pas simplement évolué, changé de nature en se trouvant désormais non plus géographiquement mais socialement situé, constitué d'exclus et d'exploités répartis au sein de tous les pays ?

Autre concept tombé sous le coup de l'évolutionnisme symbolique bien-pensant et politiquement correct, les *pays les plus pauvres* se sont pour leur part transmués en *pays les moins avancés* (PMA). Le gain sémantique est ici double : les qualifier

---

[50] Rist, G. (1980).

[51] Sauvy, A. (1952).

d'*avancés* vient confirmer les progrès effectués depuis leur statut antérieur de *pauvres* et confirmer leur engagement dans la dynamique mondialisée du développement en rappelant toutefois qu'ils demeurent *moins avancés* que d'autres, ceux qui les ont précédés et dont il demeure légitime qu'ils leur montrent la voie en les maintenant sous leur bienveillante tutelle. Dans les deux cas, on relève le travestissement sémantique en une dynamique d'espoir de situations pourtant bien préoccupantes au regard des réalités que tentent de masquer ces habillages pervers. Ainsi, en 1970, le revenu national par habitant d'un américain (18.434 dollars en parité de pouvoir d'achat) représentait 20 fois celui d'un habitant des pays les moins avancés d'Afrique (907 dollars). En 2008, avec 36.846 dollars pour le premier contre seulement 792 dollars pour le second, l'écart était porté à 47[52]... Face à ces réalités, certaines organisations n'hésitent pas à s'enfoncer encore plus dans un *storytelling* qu'elles doivent espérer sinon autoréalisateur, au moins justificateur de leur existence et de la validité des politiques qu'elles préconisent. Ainsi en 2010, à la veille d'une nouvelle crise mondiale qui allait faire s'effondrer toutes les prévisions de croissance, la CNUCED n'hésitait pas à se baser sur des scénarios dans lesquels, elle l'avouait elle-même, « la projection de référence est optimiste quant à l'évolution de l'économie mondiale au cours de la prochaine décennie, contrairement à la reprise poussive attendue dans la plupart des prévisions économiques mondiales actuelles (United Nations, 2010) » en tirant comme conséquence que « ces perspectives favorables devraient permettre aux PMA de faire des progrès appréciables » comme s'il suffisait de manipuler quelques variables pour transformer en réalité une combinaison d'hypothèses outrageusement optimistes[53].

Depuis 2008, c'est un autre avatar de la logorrhée développementaliste qui fait florès : l' « Economie verte » (ou *green economy* pour mieux satisfaire à la domination linguistique anglo-saxonne) qui trouvera sa consécration lors du Sommet de la Terre

---

[52] CNUCED (2010).
[53] CNUCED (2010).

Rio+20 tenu en 2012 au Brésil. Mais avant nous rappellerons, pour mémoire, les précédents bien connus qu'ont été la « Révolution verte » qui a débuté dans les années 60 et qui, face à la stagnation des rendements agricoles et à ses conséquences désastreuses en matière environnementale, a été repeinte en « Révolution doublement verte » dans les années 90 (ou en *Evergreen Revolution* ou « Révolution toujours verte » en Inde)… En janvier 2001, dans le Courrier de l'Unesco, la journaliste scientifique Kunkum Dasgupta dressait le bilan de la révolution verte dans l'État du Pendjab et soulignait les revers de la prospérité apparente qui avait été générée en titrant son article : « Pas si rose la révolution verte ! ». Par la magie combinée du verbe et de l'oubli, c'est désormais l'économie dans son ensemble qui, devenue « verte », devrait réussir l'exploit de permettre au système capitaliste, celui-là même à l'origine des pires destructions et gaspillages qu'ait jamais connus l'humanité, de non seulement survivre contre toute logique mais même, en marchandisant désormais tout (ressources naturelles et ressources vivantes, la biodiversité, l'eau, l'air, etc.), de dessiner la perspective permettant d'atteindre enfin ce développement durable considéré comme l'attente première et incontournable de l'ensemble du genre humain. Mieux encore, comme l'indique de manière explicite le titre du rapport du Programme des Nations Unies pour l'Environnement (PNUE) publié en 2011 : *Vers une économie verte : les voies pour un développement durable et l'éradication de la pauvreté*[54], le « verdissement » de l'économie (*the greening of economy*), loin de constituer un frein à la croissance, permettra au contraire de la dynamiser et, par la même occasion, d'éradiquer la pauvreté et d'améliorer le bien-être et l'équité sociale[55]… Quelle magnifique nouvelle ! Tous ces problèmes enfin résolus par l'ajout d'un simple qualificatif bien banal, un « verdissement » aux vertus miraculeuses. Et peu importe que les envolées de 1992 formulées dans la Déclaration de Rio lors du premier Sommet de la Terre, n'aient pas été couronnées de succès. En particulier ce Principe 1 qui ne peut que nous laisser aujourd'hui rêveur au regard des échecs constatés : « Les êtres humains sont au centre des préoccu-

---

[54] Towards a Green Economy: Pathways to Sustainable Development and Poverty Eradication.
[55] PNUE (2011).

pations relatives au développement durable. Ils ont droit à une vie saine et productive en harmonie avec la nature. ». Les esclaves de la mondialisation, hommes, femmes et enfants, condamnés pour survivre à se soumettre aux pires conditions de travail, en Inde, au Bangladesh ou ailleurs, apprécieront l'ironie et se sentiront certainement rassurés par cette nouvelle invention formulée par une expertise internationale qui en sera la première bénéficiaire, pour des raisons exclusivement altruistes et humanitaires bien évidemment. Il serait ainsi inconvenant de relever que la Plateforme d'Expertise pour la Croissance Verte (*Green Growth Knowledge Platform*, désormais connue sous son acronyme GGKP), élaborée conjointement en 2012 par la Banque Mondiale, l'OCDE, le PNUE et le *Global Green Growth Institute* (GGGI), comporte, outre les recommandations habituelles qu'il serait malvenu de ne pas suivre tant elles sont prometteuses d'un avenir meilleur, des offres d'expertise, de conseil et d'assistance technique afin de satisfaire à cette nouvelle dynamique désormais porteuse de tous les espoirs. On crée le besoin et l'on propose parallèlement sur le marché les compétences susceptibles de permettre d'y répondre : un jeu doublement gagnant pour les institutions spécialisées. On notera au passage que le GGGI est une organisation internationale créée en 2012 dans le but de « promouvoir et diffuser un nouveau modèle de croissance économique, connue sous le nom de 'croissance verte', qui permettra de combiner simultanément la performance économique, la réduction de la pauvreté, la création d'emploi, l'intégration sociale, la préservation de l'environnement, la minimisation des changements climatiques, la protection de la biodiversité et la sécurisation de l'accès aux énergies propres et à l'eau ». Face à de telles ambitions, on comprend que ce fonds de commerce puisse être largement abondé par les bailleurs de fonds internationaux et que ce nouvel avatar du discours développementaliste lénifiant puisse donner lieu à de multiples colloques et conférences internationales qui viendront justifier le développement, bien réel celui-là, d'une expertise mondiale, individuelle et institutionnelle, dûment rétribuée. Ici aussi la logique marchande est à l'œuvre…

Mais que recouvre en réalité ce concept de croissance verte ? Le système mercantile généralisé et tourné vers la seule maximisation des profits monétaires a montré ses imperfections, et en particulier son incapacité à protéger de la destruction la planète, ses ressources et les sociétés humaines qui l'habitent. Alors que le bon sens aurait pu laisser croire à la nécessité de repenser un système aussi manifestement destructeur, aliénant et inégalitaire, la réponse apportée par le paradigme « vert » est très simple : aller encore plus loin, toujours dans la même direction, en renforçant encore les mêmes bases ! Si ce modèle d'analyse reconnaît que la nature et les ressources naturelles et humaines sont méprisées, gaspillées et détruites, et qu'il est donc devenu impératif de faire quelque chose, ce n'est pas à cause d'une trop grande marchandisation du système, mais au contraire en raison de son insuffisance… La réponse est alors parfaitement simple : il suffit d'affecter une valeur marchande à toutes les ressources communes encore gratuites pour que le système capitaliste, les reconnaissant enfin comme utiles puisque coûteuses, en vienne à les préserver tout naturellement. C'est donc la financiarisation totale des échanges, l'appropriation privée des ressources naturelles, des sols, de l'eau, de l'air, de la biodiversité, le brevetage du vivant, qui garantiront désormais une gestion « efficace » qui préservera le développement « durable » de l'ensemble de la planète. On relèvera au passage que, comme nous l'expliquions précédemment, le seul fait de privatiser les biens publics en mettant sur le marché les ressources jusqu'à présent gratuites viendra mécaniquement accroître le PIB et, en les sortant ainsi de leur invisibilité marchande et monétaire, constituera un considérable accélérateur de croissance. On se souviendra ainsi que la création d'un marché du carbone (CO2) à la suite du protocole de Kyoto (1995) a contribué à la « richesse mondiale » pour un montant de 95 milliards d'euros en 2011. Un marché qui, pour ses nombreux détracteurs, a abouti à la commercialisation de véritables « droits à polluer ». Au regard de tels enjeux, il importe finalement peu que la marchandisation des biens publics se traduise, pour les populations dépossédées de leurs biens communs au profit des grands groupes, par une perte nette de liberté, d'autonomie, de dignité et de bien-être. Les institutions internationales qui font commerce des famines, de la pauvreté et de l'exclusion sont là pour y remédier…

Pour le Sommet des Peuples, tenu en marge de la conférence officielle Rio+20 en juin 2012, il n'y a pas lieu de se laisser abuser et ce virage écoresponsable n'est rien d'autre qu'une « nouvelle phase de recomposition et de développement capitalistes » motivée avant tout par « le sauvetage du système économique et financier » et qui aura pour première incidence de « renforcer le contrôle du grand capital privé sur les biens communs de l'humanité ». Une réorientation visant simplement à créer « une nouvelle source mondiale de profits et de croissance » que le gouvernement bolivien n'a pas hésité à qualifier, pour sa part, de « néocolonialisme écologique »[56].

Dans cette logique du marché du développement, les organisations chargées de l'aide internationale et de la lutte contre la pauvreté n'ont aucun souci à se faire : leur avenir est assuré. Prenons par exemple la pauvreté monétaire. Ces organisations font ainsi état, comme preuve de leur utilité et de leur efficacité, de la diminution de l'incidence de cette forme de pauvreté dans les PMA, c'est-à-dire du pourcentage de pauvres dans la population totale. Durant les trente dernières années, les taux sont ainsi passés de 48 à 41 % environ de la population totale pour la grande pauvreté (moins de 1,25 dollar par personne et par jour) et de 83 à 73 % environ pour la pauvreté (moins de 2 dollars par jour et par personne). Ce qu'elles oublient de préciser c'est que, compte tenu de la très forte croissance démographique dans ces pays, le nombre absolu de pauvres y est passé, dans le même temps, de 280 à plus de 530 millions et celui des très pauvres de 180 à plus de 360 millions, soit un quasi doublement dans les deux cas[57]. Ce qui amenait la CNUCED à conclure que « Le nombre des personnes en situation d'extrême pauvreté dans les PMA n'a cessé de croître tout au long des trente dernières années, y compris durant la période de forte croissance économique »[58]. Une situation qui s'est encore dégradée durant la période récente.

---

[56] Duterme, B. (2013).
[57] CNUCED (2010).
[58] CNUCED (2010).

Au-delà de cette catégorie des Pays les Moins Avancés, on notera qu'en 2008, dans un rapport rédigé par Shaoua Chen et Martin Ravallion et intitulé étrangement *Les pays en développement sont plus pauvres qu'on ne le croyait, mais le combat qu'ils mènent contre la pauvreté n'en porte pas moins ses fruits*, la Banque Mondiale estimait à 2,6 milliards le nombre de pauvres dans l'ensemble des pays dits « en voie de développement » ce qui, on le rappellera, correspondait à **la population totale de la planète en 1955 !** On mesure les progrès accomplis et à quel point cinq décennies d'aide au développement ont permis d'améliorer le bien-être de l'humanité ! Au niveau mondial, la Banque Mondiale concluait d'ailleurs sur le constat que « aucun progrès notoire n'a été réalisé pour franchir le seuil de 2 dollars par jour. En effet, entre 1981 et 2005, le nombre de personnes vivant avec moins de 2 dollars par jour n'a pas baissé, bien qu'ayant accusé un recul depuis la fin des années 90 (après une période de hausse) »[59].

On comprend, dans ces conditions, que les organisations internationales mettent l'accent sur les diminutions de l'incidence de la pauvreté et non pas sur les valeurs absolues dont on ne saurait se satisfaire même si des progrès ont été constatés au niveau de la grande pauvreté (moins de 1,25 dollar par personne et par jour) dont le nombre a diminué de 25 % entre 1981 et 2010 au niveau de l'ensemble de la planète (1,25 milliards d'individus en 2010) alors que la pauvreté dans son ensemble stagne en valeurs absolues (2,40 milliards de pauvres en 2010 contre 2,59 en 1981). Le constat est d'autant plus préoccupant que ces résultats ont été obtenus malgré le contexte très positif pour la croissance de la période dite des « trente glorieuses » et que l'avenir qui se dessine paraît autrement plus inquiétant. Par ailleurs, le recours à ces normes purement statistiques comme évaluation de la validité des politiques menées porte en lui les germes d'un terrible effet pervers. Au-delà des biais purement méthodologiques qui conduisent à n'accorder qu'une valeur toute relative à ces évaluations, il sera politiquement et professionnellement plus « rentable » pour les organisations luttant

[59] Banque Mondiale (2008).

contre la pauvreté d'améliorer les statistiques en faisant passer au-dessus du seuil les pauvres qui se situaient juste au-dessous que de se préoccuper de la situation des plus pauvres, ceux confrontés à des niveaux de pauvreté mettant en danger leur survie biologique, voués malgré tout, même si leur situation s'améliore, à demeurer au-dessous de ce seuil. Au regard des résultats attendus, la population-cible la plus intéressante pour ces organisations sera donc celle des moins pauvres parmi les pauvres, ce qui pose une interrogation éthique quant au sort des plus pauvres parmi les pauvres.

Concernant l'ensemble de la population pauvre dans le monde, la Banque Mondiale publiait en octobre 2015 des prévisions très optimistes sur la fin prévue de l'extrême pauvreté pour 2030. Elle se basait pour cela sur un seuil de pauvreté fixé à 1,90 $ par personne et par jour et sur les évolutions récentes qui voyaient l'incidence de la pauvreté fortement diminuer dans des pays en pleins bouleversements socio-économiques comme la Chine et l'Inde. Outre qu'il ne s'agissait pas là de PMA, ces évolutions laissent songeur quant à la pertinence de ces seuils fixés de manière arbitraire : qui pourrait imaginer, en 2015, que l'on puisse ne plus être pauvre, dans n'importe quel pays du monde, en disposant de 2 $ pour vivre, par jour et par personne ? Dans quelle banlieue, de quelle grande ville, fût-ce du Tiers Monde, cela permettrait-il de vivre de manière décente ? On rappellera, pour mémoire, qu'en France le seuil de pauvreté, fixé de manière relative, s'établissait en 2015 à 33 € par jour, soit environ 37 $.

Face à ces insuffisances, la Banque Mondiale a décidé de créer une commission spécialisée chargée de redéfinir de nouveaux seuils. Un des membres de cette commission, Angus Deaton, confiait alors que « personne ne sait où placer ce seuil » et qu'il pensait que la Banque Mondiale manifestait un « parti pris institutionnel à trouver plutôt plus de pauvreté que moins », l'enjeu étant selon Kausik Bashu, économiste en chef, que « la révision à la hausse ou à la baisse de ce seuil exercera une grande influence sur les politiques publiques, les flux d'aide mondiaux et, in fine, sur le bien-être des populations »[60].

---

[60] Le Figaro (25 octobre 2015).

Le bilan d'un demi-siècle d'aide au développement qui a vu la transmutation sémantique des « pays sous-développés » en « pays en voie de développement » et des « pays les plus pauvres » (labellisation du FMI et de la Banque Mondiale) en « pays les moins avancés » (labellisation du PNUD), est ainsi simple à établir : des écarts croissants entre pays les plus pauvres et pays les plus riches. À la date d'invention de cette nouvelle dénomination, en 1971, on dénombrait 29 pays entrant dans la catégorie des « pays les moins avancés ». Bilan de trente années d'aide au développement, ils étaient 49 en 2001, soit une augmentation de leur nombre de près de 70 %, et le secrétaire général de la CNUCED (Conférence des Nations Unies sur le Commerce et le Développement), Rubens Ricupero, faisait en 2001 le constat préoccupant que « il est apparu à l'évidence que malgré trente ans d'action internationale en faveur des PMA et malgré les efforts de ces pays eux-mêmes, les difficultés socio-économiques auxquelles sont confrontés la plupart d'entre eux et leur marginalisation persistante sont accablantes. »[61]. En 2009, ils représentaient 12 % de la population mondiale pour seulement 0,9 % du PIB, soit une diminution significative de leur contribution à la « richesse » de la planète par rapport au milieu des années 70. Ce qui revient à dire que les habitants des PMA, soit un huitième de la population planétaire, sont à l'origine de moins d'un centième de la production mondiale, le PIB réel par habitant des PMA représentant seulement 1,5 % de celui des pays développés. Ceci alors que la proportion de la population mondiale extrêmement pauvre vivant dans les PMA n'a cessé d'augmenter, passant de 18 % en 1990 à 27 % en 2000, et à 36 % en 2007…[62]. Face à ce constat, la CNUCED conclut en toute simplicité que « s'ils veulent s'engager dans un processus de rattrapage soutenu, les PMA devront améliorer de manière notable leurs résultats économiques » [63] démontrant ainsi toute l'utilité de l'expertise internationale…. Sachant que pour entrer dans cette catégorie des PMA il faut satisfaire à certains critères de pauvreté économique (Revenu National Brut

---

[61] Le Monde (10 mai 2001).

[62] CNUCED (2011).

[63] CNUCED (2011).

par habitant inférieur à 905 dollars en 2010), humaine (espérance de vie, santé, alphabétisation) et de vulnérabilité, le bilan est affligeant et permet de douter de la capacité des forces du « développement » à contribuer efficacement, au-delà de l'enrichissement de certains et de la préservation de leurs intérêts particuliers, au mieux-être de l'ensemble de l'humanité.

En effet, même en incluant l'ensemble du monde dit « en voie de développement » un bilan fortement majoré par les pays dynamiques d'Asie de l'Est (Chine) et du Sud-Est, les constats ne sont guère plus encourageants : en 2005/2007, les Nations Unies estimaient à 837 millions le nombre total de personnes sous-alimentées, soit 16 % du « monde en développement », contre 828 millions en 1990/1992 [64]. Le nombre des citadins vivant dans des taudis était évalué à 657 millions en 1990, ils étaient 828 millions en 2010, soit une augmentation de 26 %. De 1990 à 2010, plus de 150 millions d'hectares de forêts ont disparu dans le monde, principalement en raison des activités humaines, et les émissions de gaz à effet de serre se sont accrues de 50 % malgré les efforts déployés[65] et le ralentissement de l'activité économique. Lors de la conférence Rio+20 organisée à Rio de Janeiro en juin 2012, vingt ans après le premier sommet de la Terre de 1992, la Conférence des Nations Unies pour le Développement Durable concluait, au regard des très

---

[64] Nations Unies (2011).

[65] On rappellera, pour mémoire, les conférences de Stockholm en juin 1972, Rio en juin 1992, Kyoto en décembre 1997, La Haye en novembre 2000, Bonn en juillet 2001, Marrakech en octobre-novembre 2001, Johannesburg en août-septembre 2002, Bali en décembre 2007, Copenhague en décembre 2009, Cancun en novembre-décembre 2010, Rio (+20) en juin 2012. Cette énumération, qui ne reprend que les conférences les plus importantes, pourrait être assimilée à un catalogue de tour-opérateur ayant proposé, durant plus d'une vingtaine d'années, les destinations les plus exotiques à ses clients. Elle permet de comprendre l'attractivité du business du développement durable qui permet à ses différents acteurs, experts comme institutions, de « villégiaturer » régulièrement aux quatre coins du monde pour débattre, sans pour autant les résoudre, de ces problèmes du monde dont la pérennisation constitue, ne l'oublions pas, leur raison d'exister.

faibles résultats obtenus, que « la planète doit réorienter d'urgence son développement » en favorisant le développement d'une « économie verte »... Ah bon ?

Après le Développement Durable, l'Economie Verte : encore et toujours le pouvoir des mots et de l'innovation conceptuelle dans la construction de « mythes pacificateurs »[66] comme substituts durables à l'incapacité collective à poser les vraies questions et envisager les vraies réponses : un pur *storytelling* planétaire. Pour Wolfgang Sachs, l'émergence du concept de développement durable comme protection contre la croissance, et il en va de même pour ce qui concerne celui d'économie verte, a abouti à la création d'un véritable « chaos sémantique » sans issue si ce n'est sans utilité, tout au moins pour les thuriféraires de ces paradigmes en renouvellement constant qui appliquent à leurs « productions sémantiques » les règles de base d'un marketing destiné à protéger leur business. Un autre exemple du pouvoir du verbe lors de cette même conférence a été donné, face à l'échec des Objectifs du Millénaire pour le Développement, par la proposition faite par la Colombie de procéder à leur remplacement par des Objectifs du Développement Durable. Les ODD, cru 2015 de l'expertise internationale, comme substituts aux OMD non atteints (cru 2000)... Cerise sur le gâteau pour le PNUE (Programme des Nations Unies pour l'Environnement) et conséquence directe des échecs constatés, il était demandé dans la résolution finale la revalorisation de son rôle et une augmentation conséquente de ses moyens financiers. À défaut d'avoir atteint ses objectifs, le business du développement durable et de la nouvelle économie verte, se nourrissant de ses échecs et enflant à proportion, voit se dessiner devant lui un avenir prometteur.

---

[66] D'après la définition donnée par Monique Canto-Sperber. Un des plus remarquables de ces mythes pacificateurs sera, à la suite de la Polémique de Valladolid, le remplacement du terme de « conquête » par celui de « pacification » pour qualifier les actions et exactions espagnoles dans les Indes occidentales au XVIème siècle.

Concernant la biodiversité, toutes les espèces répertoriées dans la Liste Rouge de l'Union Internationale pour la Conservation de la Nature (UICN) soit 10.000 espèces d'oiseaux, 4.500 espèces de mammifères et 5.700 espèces d'amphibiens montrent des signes d'épuisement, tant dans leurs effectifs que dans leur diversité, un grand nombre d'entre-elles étant considérées comme approchant de l'extinction[67]. La proportion des stocks de poisson surexploités ou épuisés au niveau mondial est passée de 10 % à 33 %. En 2005, l'Asie de l'Ouest utilisait 166 % de ses ressources renouvelables en eau, de surface et souterraines, l'Afrique du Nord, 92 % ce qui amène les spécialistes à considérer que les déséquilibres dans ces régions sont d'ores et déjà irréversibles. Et pourtant, en 2010 l'aide publique au développement atteignait près de 130 milliards de dollars, 135 milliards en 2013 et 2014 soit son plus haut niveau historique. Bref, le Développement est en marche et il est grand temps d'y faire participer le plus grand nombre de gens possible…

Il est ainsi paradoxal de constater que l'on puisse, d'un côté déployer tous les efforts de l'aide internationale pour entraîner dans le modèle consumériste occidental les populations qui en étaient jusqu'à présent relativement protégées et, en même temps, tirer la sonnette d'alarme sur les dangers de ce consumérisme exacerbé en tentant d'en limiter les impacts négatifs. Mais, même si certains auteurs s'acharnent à défendre la thèse de la viabilité *ad vitam aeternam* du toujours plus dans tous les domaines, il est d'ores et déjà trop tard et les discours incantatoires du développement durable, de l'économie verte ou de

---

[67] Il est intéressant de noter ici que, afin de mobiliser les opinions contre ces destructions, l'UICN en est réduite à faire état des « services rendus » à l'humanité par la biodiversité. Toujours cette approche exclusivement utilitariste de l'environnement. Par ailleurs, si l'extinction est un processus naturel, les spécialistes estiment néanmoins que, du fait de l'homme et de ses activités, les taux d'extinction de certaines espèces sont désormais 100 à 1000 fois supérieurs au taux naturel et que la situation devrait considérablement s'aggraver dans les années à venir.

tout autre de leurs avatars actuels ou à venir, quelles que soient la puissance et la magie du verbe, n'y pourront rien changer.

Afin de mieux saisir les enjeux de la surexploitation des ressources de la planète et d'aider à en faire comprendre l'importance, des chercheurs de l'Université de British Columbia, Mathis Wackernagel et William Rees ont élaboré dans les années 90 un indicateur synthétique (encore un, me direz-vous…) des usages que nous en faisons[68]. Dénommé Empreinte Ecologique (*Ecological Footprint*), cet indicateur a pour vocation de transcrire en superficie nécessaire la combinaison des ressources qui sont utilisées chaque année par une entité quelconque (pays, ville, région) en fonction des types de consommation qui y prévalent. Un consommateur nord-américain, avec ses multiples « besoins », sera ainsi beaucoup plus prédateur de ressources qu'un burkinabé par exemple, sachant que, en 2013, le revenu annuel par tête d'un Burkinabè était de 670 $ contre 53.670 $ pour un américain…[69]. L'indicateur inclut les consommations individuelles ainsi que les consommations collectives. Si la méthodologie mise en œuvre peut être aisément critiquée et considérée comme exagérément réductrice, elle a malgré tout le mérite de la simplicité en permettant de visualiser immédiatement le rapport existant entre la consommation de cette entité et le potentiel dont elle dispose. Quelle que soit la marge véritable d'erreur dans l'élaboration de cet indicateur, il n'en demeure pas moins particulièrement parlant par les ordres de grandeur qu'il détermine et permet, par ailleurs, d'identifier les régions les plus dispendieuses de la planète.

Ainsi, en 2010, l'empreinte écologique de la consommation d'un citoyen des Émirats Arabes Unis était de 10,68 gha (global hectarea) pour une biocapacité de 0,85, celle d'un américain de 8 gha pour une biocapacité de 3,57 et celle d'un chinois de 2,21 ha pour une biocapacité de 0,98[70]. De 1961 à 2007, l'empreinte

---

[68] Synthétisé dans leur ouvrage *Our ecological footprint : reducing human impact on the earth*, 1996.

[69] Banque Mondiale (2014).

[70] Ecological Footprint Atlas (2010).

écologique totale de la planète a augmenté de 149 % et l'empreinte écologique par personne de 14 %. Le résultat est que **c'est dans les années 70/80 que, pour la première fois dans l'histoire de l'humanité, la consommation humaine de ressources a dépassé les capacités de la planète**. En 2007, il était ainsi estimé que cette consommation humaine dépassait de 50 % ces capacités alors qu'en 1961 elle ne représentait que la moitié de ce que la Terre pouvait offrir dans des conditions de prélèvement respectant les contraintes d'un renouvellement durable des ressources. L'humanité est ainsi passée d'une épargne de 50 % en 1961 à un déficit de 50 % une quarantaine d'années plus tard. Il fallait ainsi déjà, en 2007, un an et demi pour que la Terre soit en mesure de régénérer les ressources consommées en une seule année. Dix pays représentaient à eux seuls la moitié de la consommation de la planète, parmi lesquels on trouve en premier la Chine, qui consommait déjà en 2007 24 % de la totalité des capacités de la planète et les États-Unis (21 %). En 2014, c'est ainsi 80% de la population de la planète qui vit dans des pays dont la consommation de ressources dépasse les capacités nationales de renouvellement et les scénarios les plus modérés des Nations Unies prévoient que « si les tendances actuelles de croissance de la population et la consommation perdurent, nous aurons besoin, en 2030, de deux Terre pour répondre à ces besoins. Or, nous n'en avons qu'une... »[71]. Enfin, si les objectifs de croissance économique étaient atteints et que l'ensemble de l'humanité était mise en condition de consommer autant que les nord-américains moyens, ce sont 3,9 planètes qui seraient nécessaires pour répondre chaque année à ces besoins... Les réserves existantes et le fait que la Terre ne soit pas un système entièrement clos puisqu'elle reçoit de l'extérieur (Soleil) une énergie permettant de limiter les effets de cette surconsommation, expliquent en partie qu'une telle situation a pu jusqu'à présent perdurer. Mais pour combien de temps encore ?

Il est difficile d'imaginer ce que sera la situation de la planète lorsque la Chine aura atteint le niveau de consommation

---

[71] The World Footprint Network (2014).

des États-Unis, soit une empreinte écologique par personne multipliée par 4 pour plus d'1 milliard 600 millions d'habitants ! Vaclav Smil rappelle quelques données de base qui donnent froid dans le dos et que devraient méditer les tenants de l'hypothèse suivant laquelle l'agriculture mondiale sera capable de produire toujours plus : les terres arables sont, partout dans le monde mais particulièrement en Chine, en voie de destruction accélérée. Ce pays vient de construire une autoroute interprovinciale dont la superficie dépasse celle de la totalité des autoroutes interétatiques des États-Unis. Ses lignes de Trains à Grande Vitesse sont désormais deux fois plus étendues que celles de la France et de l'Allemagne réunies[72]. Pire encore, une statistique qui donne toute la mesure des enjeux : **entre 2011 et 2013, la Chine a consommé 50% de ciment de plus que les États-Unis durant tout le XXème siècle** : 6,6 milliards de tonnes en trois ans pour la Chine contre 4,5 milliards pour les États-Unis entre 1901 et 2000 ! Et l'on sait que l'industrie mondiale du bétonnage est désormais confrontée à une pénurie de… sable.

Et à la Chine s'ajouteront encore tous les autres candidats à la surconsommation effrénée : Inde, Brésil, etc. Le rêve que dessine la poursuite du « développement économique » est en fait un cauchemar ! Si les opérateurs du développement parviennent à leurs buts, ce qui demeure hautement douteux, ce ne pourrait être que celui du jour où tous seront « développés » et la planète exsangue. Mais ce jour ne viendra pas en raison du biais ontologique de la notion même de développement qui fait que celui-ci étant par définition sans limites, et donc voué à demeurer éternellement en devenir, les retardataires le seront donc toujours, peinant à atteindre des objectifs sans cesse plus éloignés que même les plus développés n'estimeront jamais avoir eux-mêmes atteints... Certes les classements changeront mais les fondamentaux demeureront et des continents entiers, l'Afrique par exemple, seront contraints à laisser piller les seules ressources dont ils bénéficient : les espaces encore disponibles qui permettront aux plus développés et à la Chine en

72 Smil, V. (2014).

particulier - le mouvement est déjà largement engagé - d'étendre toujours plus loin leur propre Empreinte Ecologique. Accessoirement, cette emprise nouvelle permettra également aux analystes les plus superficiels, ou les moins bien informés, de se prévaloir de la nouvelle dynamique de développement du continent africain…

Quelles que soient les critiques que l'on puisse émettre à l'encontre de l'Empreinte Ecologique, sachant qu'elle n'est pas un indicateur de soutenabilité[73] mais simplement un indicateur de la demande humaine en biens et services écologiques et du rapport de cette demande avec les capacités d'offre de la Terre, elle a néanmoins l'avantage de la simplicité et d'une immédiate intelligibilité. Ainsi, il importe finalement moins de savoir que nous consommons actuellement chaque année les ressources d'une planète et demie, ou d'un peu plus ou d'un peu moins, que de prendre conscience, avec certitude cette fois, que nous nous situons déjà bien au-delà des capacités de renouvellement de ces ressources indispensables. Par ailleurs si les valeurs absolues peuvent être discutables, il n'en reste par moins que, quelle que soit la marge d'erreur, le cheminement est, lui, indiscutable et l'impasse manifeste.

Joseph Schumpeter disait que l'effondrement du capitalisme résulterait non des ses échecs mais de ses succès. Il semblerait que cette vision ait été prémonitoire. C'est en effet le succès matériel du capitalisme qui épuise les ressources de la planète et la transforme, progressivement mais sûrement, et sans doute inéluctablement, en un environnement appauvri et épuisé, un réceptacle à déchets en tous genres dont les moins visibles ne sont pas les moins dangereux : en 2010, la goélette Tara, partie pour étudier le plancton dans les eaux de l'Antarctique, relevait dans ses échantillons une présence considérable de plastiques, plusieurs dizaines de milliers de morceaux par km^2. Généralement inconnu du grand public le *Trash Vortex*, la plus grande décharge de déchets au monde, dont la taille serait équivalente à

---

[73] La capacité à supporter de manière pérenne les modes de production et de consommation actuels.

celle de la France, se trouve en plein milieu du Pacifique en un lieu de convergence des courants marins. Hors des routes maritimes habituelles et des lieux de pêche, on trouve dans cette zone six kilos de plastique pour un kilo de plancton, avec tous les effets que cela induit en matière de destruction de l'écosystème et des différentes formes de vie dans la région... Plus près de nous et plus médiatisé, dans bien des bidonvilles des grandes métropoles du Sud, qui ont attiré les populations migrantes séduites par le mirage du développement, les conditions de vie sont devenues véritablement infrahumaines et les populations y ont développé de telles capacités d'adaptation à la pollution et à la dégradation environnementale qu'elles peuvent sans exagération être qualifiées de mutantes. Au Nigeria le delta du fleuve Niger, détruit par les hydrocarbures, a été transformé en cauchemar écologique et humain par des compagnies pétrolières uniquement focalisées sur la maximisation de leurs bénéfices. Le peuple Ogoni qui avait en raison de son isolement échappé à la traite négrière, frappé de plein fouet par cette « malédiction des ressources », a été conduit à la misère par des « forces du développement » implacables pour les plus vulnérables. Leur environnement ayant été détruit pour de bas intérêts marchands en même temps que leurs moyens de subsistance, les Ogoni ont été contraints, comme d'autres populations dans le monde, de se reconvertir dans la lutte armée, la violence et ce que l'on appelle le banditisme, oubliant facilement au passage que les premiers actes de violence et de banditisme ont d'abord été ceux des compagnies pétrolières elles-mêmes.

Plus près de nous, en mars 2012, en raison d'un anticyclone bloqué sur l'Atlantique, un temps magnifiquement ensoleillé règne sur la France. Un pur bonheur a priori, le printemps en hiver. Sauf que, en Île de France, outre l'énonciation quotidienne des quelques centaines de kilomètres de bouchons dans lesquels se trouvent bloqués plusieurs dizaines de milliers d'automobilistes stressés par la journée qui les attend, est lancée une alerte à la pollution par les particules fines, celles émises par les innombrables véhicules de toutes sortes englués sur les routes, les autoroutes et les soi-disant « voies rapides » de cet épicentre de l'activité nationale. Les conseils pour en limiter les effets sont simples : d'une part réduire la vitesse des véhicules automobiles, ce qui apparaît totalement surréaliste alors que les bouchons se comptent par centaines de kilomètres à l'heure matinale où l'avis est lancé et que des dizaines de milliers de voitures y sont immobilisées, moteurs tournant ; d'autre part limiter les activités physiques à l'extérieur, surtout le sport, en particulier pour les personnes les plus fragiles, enfants et personnes âgées. Enfin, fermer portes et fenêtres. En d'autres termes, respirer le moins possible… Un paradoxe alors que des messages sont généralement diffusés pour inciter les populations à aérer maisons et appartements afin de renouveler l'air des habitations confinées dans lesquelles végète l'homme moderne et à avoir des activités physiques à l'extérieur... Une étude du CNRS, rendue publique le 24 novembre 2014, indiquait que, lors du pic de pollution enregistré le 13 décembre 2013, l'air de Paris était aussi pollué que celui d'une pièce de 20 m^2 occupée par huit fumeurs. L'atmosphère que respiraient les parisiens pouvait alors être assimilée à un tabagisme passif généralisé à l'ensemble de la capitale. Cette situation se reproduira en mars 2014 avec, cette fois, la décision d'imposer à Paris la circulation alternée des véhicules automobiles. On constate ainsi que, pour les sociétés les plus développées du monde occidental la mutation vers l'inacceptable est donc également en cours et ce qui aurait paru inadmissible et inconcevable il y a quelques décennies est progressivement, de manière insidieuse mais implacable, devenu habituel, comme sont devenues habituelles les affections respiratoires et les allergies dont les traitements médicaux et médicamenteux viendront, à leur tour, contribuer par leur coût à doper cette merveilleuse croissance qui a généré par ses pollutions les affections les ayant rendus nécessaires… Le cycle merveilleux du bonheur par la croissance économique…

Et pourtant, qui se souvient qu'en 1973, hier donc, Cardon, un ancien ouvrier des Arsenaux de Lorient devenu par la suite caricaturiste au Canard Enchaîné, publiait un ouvrage de « fiction » intitulé *La véridique histoire des compteurs à air* dans lequel il décrivait un monde, bien sûr totalement imaginaire et improbable, où, dans un environnement déshumanisé, les hommes portaient sur le dos des compteurs destinés à leur faire payer leur consommation d'air, ce bien devenu désormais rare et cher[74]. Dans un tel contexte il n'était plus envisageable de gâcher cette ressource en marchant d'un pas vif, en faisant du sport ou bien en respirant le parfum des fleurs… Les réalités d'aujourd'hui montrent qu'il ne s'agissait pas là uniquement d'une fiction, d'une pure élucubration, au même titre que le *Big Brother* de Georges Orwell dans son roman *1984*. Évidemment, nous n'en sommes pas encore à la situation que caricaturait John Ball à la fin du XIVème siècle en déclarant que les riches en arriveraient bientôt à « nous faire payer l'air que nous respirons », mais en sommes-nous encore si éloignés alors que la tonne de CO_2 se négocie dorénavant en Bourse comme un produit dérivé faisant l'objet d'un marché ? Rassurons-nous : chaque individu ne va pas être doté de son propre compteur. Non, ce ne sont pour l'instant que certaines entreprises…

Mais c'est bien la croissance, le consumérisme et le gaspillage effrénés du monde *développé* qui ont rendu nécessaire la facturation de certains usages industriels de l'air qui, par combustion, fermentation ou autres processus chimiques, conduisent à modifier la qualité de ce composant essentiel de la vie sur Terre. Il en va d'ailleurs de même pour cet autre élément vital de notre environnement, l'eau, dont, outre le fait qu'elle n'est désormais plus en quantité suffisante à l'échelle planétaire pour répondre à l'ensemble des besoins de l'humanité en développement, voit sa qualité globale se dégrader de manière alarmante. D'après l'OCDE, le taux d'épuisement des eaux souterraines a plus que doublé entre 1960 et 2000[75]. À la destruction de ces réserves viennent s'ajouter des effets secondaires bien plus inquiétants. Par exemple, dans les zones sahariennes où sont exploités les aquifères profonds (Algérie, Tunisie, Libye), les prélèvements ont entraîné des phénomènes de percolation avec les couches supérieures salées qui sont ainsi venues polluer et rendre impropre à leurs usages (consommation humaine et même irrigation) les eaux extraites, invalidant par là même

---

74 Cardon (2012).

75 OCDE (2012).

les projections optimistes des hydrologues peu compétents qui avaient vu dans ces eaux fossiles des réserves pour « au moins un siècle » et avaient préconisé le développement d'une agriculture dispendieuse en irrigation dans ces zones désertiques. Tous les pays développés et de nombreux pays en voie de développement connaissent des situations de stress hydrique élevé : 1,9 milliards d'habitants étaient concernés en 2000, 3,9 milliards en 2050, principalement en raison de la croissance économique et démographique attendue dans le groupe BRIICS[76]. Mais la qualité des eaux est aussi en cause. En particulier, la présence de micropolluants persistants constitue une source d'inquiétude grandissante, d'autant plus que nul n'est actuellement en mesure d'évaluer l'impact réel des « effets cocktail » résultant de la combinaison des pollutions chimiques et organiques qui s'accumulent les unes aux autres, année après année.

Dans la synthèse de son document intitulé *Perspectives de l'environnement de l'OCDE à l'horizon 2050 : les conséquences de l'inaction,* l'OCDE concluait en 2012 que « la dégradation et l'érosion de notre capital environnemental naturel risquent de se poursuivre jusqu'en 2050, entraînant des changements irréversibles qui pourraient mettre en péril les acquis de deux siècles d'amélioration des niveaux de vie ».

Ainsi, malgré toutes ces alertes dont chacune d'elles relevait encore, dans un passé pas si lointain, du roman ou du pur fantasme, ce modèle d'évolution conforte sa prégnance avec cette domination de la croissance et du développement comme ambitions désormais universelles de l'humanité et principaux vecteurs de sa recherche d'un bien-être toujours plus grand. Devenue mondialisée, cette croyance au développement acquiert, au sens de Durkheim, le statut d'une obligation à laquelle aucun membre du groupe ne peut plus désormais déroger. Tous doivent donc contribuer au développement, sous-entendu à la croissance économique, non seulement de soi-même mais également des autres. Il y a là un engagement apparemment évident, relevant de la morale sociale. Et pourtant, comme certains

[76] Brésil, Russie, Inde, Indonésie, Chine et Afrique du Sud.

l'ont déjà fait remarquer, « la 'religion du développement' conditionne des pratiques tout aussi 'irrationnelles' que, par exemple, celles des Aztèques qui sacrifiaient leurs prisonniers pour assurer le retour du soleil ou celle des Azandés qui consultaient l'oracle pour choisir l'emplacement d'un grenier… »[77].

Il en résulte que cet impératif du développement est hautement discutable. Tout d'abord parce que, contrairement aux apparences il n'a pas de réalité ontologique mais procède d'un simple arbitraire culturel, historiquement daté et généré par des circonstances particulières, ensuite parce que les résultats obtenus sont loin d'être conformes aux ambitions revendiquées.

[77] Gilbert Rist, interview par Frederic Dufoing, slnd.

L'invention du sous-développement…

« Chacun appelle barbarie ce qui n'est pas de son usage ; comme de vrai, il semble que nous n'avons autre mire de la vérité et de la raison que l'exemple et idée des opinions et usances du pays où nous sommes… à la vérité, ce sont ceux que nous avons altérés par notre artifice et détournés de l'ordre commun, que nous devrions appeler sauvages.»
Montaigne[78]

« Les mots exercent un pouvoir typiquement magique : ils font voir, ils font croire, ils font agir. Mais, comme dans le cas de la magie, il faut se demander où réside le principe de cette action ; ou plus exactement quelles sont les conditions sociales qui rendent possible l'efficacité magique des mots ».
P. Bourdieu[79]

La notion de sous-développement est une notion relative qui découle directement de ce mythe fédérateur du développement qui a été progressivement construit en Occident autour d'impératifs de progrès et d'évolution considérés comme « allant de soi ». Le développement, ce « mot amibe » (Ivan Illitch), cette « colonisation de l'imaginaire contemporain » (Majid Raneema), cette « hallucination collective » (Wolfgang Sachs), ce que nous pouvons appeler un simple arbitraire culturel n'est rien de plus qu'une doxa, une représentation collective et unanimement acceptée de ce qui serait « bon » pour l'humanité, de ce qui devrait être son but ultime. Ce concept de développement procède directement de ce « racisme de l'intelligence » qui, pour Pierre Bourdieu, « dépend pour partie du capital hérité et

78 Montaigne, M. de (1595) *Essais,* l. I, chap. XXXI, "Des Cannibales".
79 Bourdieu, P. (1982).

donc apparemment naturel et inné, est ce par quoi les dominants visent à produire une théodicée de leur propre privilège »[80].

Il en résulte que la notion de sous-développement elle-même, sous-produit du précédent, s'avère être également une doxa qui, bien qu'ethnocentrée, normative et datée, détermine le monde et les relations d'autorité et d'inféodation qui y opèrent en les faisant apparaître comme objectives et indiscutables. Un pur produit de l'histoire, un simple système de valeurs travesti en « nature des choses »[81]. À l'inverse du colonialisme (imposé), le sous-développement (accepté) devient une culpabilité, une mise en cause de l' « homme sous-développé » lui-même et ouvre alors sur le « cercle enchanté de la légitimité » de l'homme développé à aider le sous-développé.

En 1809, dans sa préface de *La Description de l'Égypte ou Recueil des observations et des recherches qui ont été faites en Égypte pendant l'expédition de l'armée française. Publié par les ordres de Sa Majesté l'Empereur Napoléon le Grand*, Joseph Fourier expliquait déjà par la suprématie de la civilisation occidentale et son engagement moral à faire le bien des populations encore non civilisées les raisons de l'intervention en Égypte : « C'est le propre de ce pays d'attirer l'attention des princes illustres qui veillent au destin des nations… Napoléon voulait offrir un exemple européen utile à l'Orient et finalement aussi rendre la vie de ses habitants plus agréable comme de leur procurer tous les avantages d'une civilisation parfaite »[82]. Ce qui n'était que reprendre les termes de l'argumentaire de Ginès de Sepùlveda qui en 1550, lors de la Polémique de Valladolid qui l'opposait à Bartolomé de Las Casas, justifiait l'extermination des Indiens par les Espagnols comme étant la juste « domination de la perfection sur l'imperfection, de la force sur la faiblesse, de l'éminente vertu sur le vice »[83]. On notera à ce propos, avec amusement, que l'un des vices repro-

---

[80] Bourdieu, P. (1980).
[81] Bourdieu P. (1982).
[82] Fourier, J. (1809).
[83] Cité par Finkielkraut, A. (1996).

chés aux Indiens était de « se faire la guerre entre eux », ce qui ne manque pas de piment de la part d'envahisseurs qui ne reculeront pas devant les massacres, il est vrai accomplis pour des raisons morales et civilisationnelles très supérieures à celles d'Indiens à ce point attardés qu'ils ignoraient même le droit de propriété. Des envahisseurs qui menaient une guerre de conquête, sans pitié aucune ni préoccupation au sujet des moyens employés, seule comptant la victoire ; et qui se fourvoieront complètement en prenant pour de la lâcheté ce qui n'était, de la part des Indiens, qu'une incompréhension face à la sauvagerie d'envahisseurs qui ne respectaient aucune des règles de leurs guerres tribales, étroitement codifiées, dont le but n'était certainement pas l'extermination de l'Autre, mais simplement un moyen de prouver leur courage et leur honneur d'hommes.

Mais il faudra attendre encore pour que le terme lui-même de sous-développement apparaisse pour la première fois, le 20 janvier 1949, dans la bouche de Harry Truman, durant son discours d'investiture à son second mandat comme président des États-Unis, dans un contexte où ce pays, désormais devenu la première puissance de la planète après le chaos de la seconde guerre mondiale, se retrouvait investi de la charge d'aider au redémarrage des économies européennes (plan Marshall) ainsi que de la préservation de la paix au niveau mondial (rôle moteur dans la création de l'Organisation des Nations Unies, de la Banque Mondiale, de l'Organisation du Traité de l'Atlantique Nord, etc.). Il est ici intéressant de rappeler certains passages de ce discours, particulièrement significatifs de l'état d'esprit qui prévalait au lancement de ce grand chantier qui allait inaugurer une *Ère du Développement* largement inspirée par des considérations marchandes et égoïstes, comme le signifiait explicitement la fin du discours, afin de mobiliser les capacités d'intervention de nations avant tout attachées à leurs propres intérêts : « Tous les pays, y compris le nôtre, profiteront largement d'un programme constructif qui permettra de mieux utiliser les ressources humaines et naturelles du monde. L'expérience montre que notre commerce avec les autres pays s'accroît au fur et à mesure de leurs progrès industriels et économiques. ». Et ce malgré les précautions d'usage qui stipulaient que « l'ancien impérialisme d'exploitation au service du profit étranger n'a rien à voir avec nos intentions. Ce que nous envisageons, c'est un programme de développement fondé sur les concepts d'une négociation équitable et démocratique...».

Au-delà de cet ultime habillage altruiste, ce propos justifiait en fait le démarrage de cette nouvelle ère par des motivations essentiellement commerciales, marchandes et productivistes, censées contribuer à l'amélioration du bonheur de l'ensemble de la planète, développés comme sous-développés :

« ...il nous faut lancer un nouveau programme qui soit audacieux et qui mette les avantages de notre avance scientifique et de notre progrès industriel au service de l'amélioration et de la croissance des régions sous-développées. Plus de la moitié des gens de ce monde vivent dans des conditions voisines de la misère. Leur nourriture est insatisfaisante. Ils sont victimes de maladies. Leur vie économique est primitive et stationnaire. **Leur pauvreté constitue un handicap et une menace, tant pour eux que pour les régions les plus prospères**...

...Je crois que nous devrions mettre à la disposition des peuples pacifiques les avantages de notre réserve de connaissances techniques afin de les aider à réaliser la vie meilleure à laquelle ils aspirent. Et, en collaboration avec d'autres nations, nous devrions encourager l'investissement de capitaux dans les régions où le développement fait défaut. **Notre but devrait être d'aider les peuples libres du monde à produire**, par leurs propres efforts, plus de nourriture, plus de vêtements, plus de matériaux de construction, plus d'énergie mécanique afin d'alléger leurs fardeaux...

...Nous invitons les autres pays à mettre en commun leurs ressources technologiques dans cette opération. Leurs contributions seront accueillies chaleureusement. Cela doit constituer une entreprise collective à laquelle toutes les nations collaborent à travers les Nations Unies et ses institutions spécialisées pour autant que cela soit réalisable. **Il doit s'agir d'un effort**

mondial pour assurer l'existence de la paix, de l'abondance et de la liberté...

...Avec la collaboration des milieux d'affaires, du capital privé, de l'agriculture et du monde du travail de ce pays, ce programme pourra accroître grandement l'activité industrielle des autres nations et élever substantiellement leur niveau de vie...

...Ces développements économiques nouveaux devront être conçus et contrôlés de façon à profiter aux populations des régions dans lesquelles ils seront mis en œuvre. Les garanties accordées à l'investisseur devront être équilibrées par des garanties protégeant les intérêts de ceux dont les ressources et le travail se trouveront engagés dans ces développements... »[84].

Dans l'analyse qu'il a faite de ce discours, Gilbert Rist relevait une homologie de structure avec le discours religieux renforcée par l'analogie naturalisante sur l'impérieuse nécessité du développement, rendant ainsi impossible toute interrogation sur le bien-fondé d'une telle démarche qu'il identifie à un « nouvel évangile » avec toute la force de persuasion que cela implique, l'épistémê d'une époque[85]. Par la force des mots, les sociétés vernaculaires se voyaient dépouillées de leurs particularités, de leurs identités propres, de leurs cultures. Peuls, Bambaras, Dogons, Mapuches et Inuits se retrouvaient désormais rassemblés dans le magma indifférencié des « sous-développés », ces peuples ayant été incapables de s'inscrire, par leur volonté et leurs capacités propres, dans le monde radieux et dominant de la croissance économique. Ces peuples immatures qu'il allait donc bien falloir aider à sortir de leur supposée misère et, comme le dira bien plus tard un président français dans un discours en terre africaine demeuré célèbre, à « entrer dans l'histoire ».

---

[84] Traduction proposée par G. Rist, 1997, à partir des *Public Papers of the Presidents of the United States, Harry S. Truman. Year 1949, 5,* United States Government Printing Office, 1964.
[85] Rist, G. (1997).

L'invention du sous-développement résulte ainsi directement de la montée en puissance, puis de l'écrasante domination du modèle technologique et consumériste, sublimée dans ce que l'on appelle désormais la mondialisation. Ainsi entendu, le sous-développement se définit donc en contrepoint d'une notion du développement étroitement circonscrite à la seule sphère matérialiste de la consommation toujours accrue de biens et services marchands. Il n'est donc que le résultat, historiquement daté, de l'écrasant pouvoir symbolique progressivement acquis par le monde occidental sur l'ensemble de la planète et de sa capacité à imposer le « donné par l'énonciation », en d'autres termes à générer une pseudo-réalité acceptée par tous, y compris par les « soumis » eux-mêmes, comme véridique et légitime[86], donnant ainsi « toute la force de la raison à la raison (l'intérêt) du plus fort »[87].

Car intérêt il y avait pour les nouvelles puissances, au lendemain du second conflit mondial et à l'aube des processus de décolonisation qui modifieront les rapports de force au niveau de l'ensemble de la planète, de trouver les moyens, non seulement politiques mais aussi économiques, moraux, culturels et marchands, d'asseoir leur nouvelle domination. L'invention du sous-développement en était un, d'autant plus pratique que, contrairement aux formes précédentes de colonisation, il se parait de tous les attributs de l'altruisme et de la morale et procédait d'un consensus quasi universel sur la nécessité de lutter contre ce nouveau fléau. Imposée par une culture dominante marchande et matérialiste comme une vérité universelle et allant de soi, la notion de sous-développement n'était en fait, et demeure encore aujourd'hui, qu'un simple arbitraire culturel.

---

[86] « Le pouvoir symbolique comme pouvoir de constituer le donné par l'énonciation, de faire voir et de faire croire, de confirmer ou de transformer la vision du monde et, par là, l'action sur le monde, donc le monde, pouvoir quasi magique qui permet d'obtenir l'équivalent de ce qui est obtenu par la force (physique ou économique), grâce à l'effet spécifique de mobilisation, ne s'exerce que s'il est reconnu, c'est-à-dire méconnu comme arbitraire ». (Bourdieu P., 1977, p. 410)

[87] Accardo, A. ; Corcuff, P. (1986).

Ainsi que l'énonçait Jacques Monod, « tout discours de la société occidentale sur les autres renvoie d'abord à ses propres coordonnées »[88]. Par ce véritable tour de passe-passe, les sociétés traditionnelles, organisations sociales, économiques et culturelles désormais qualifiées de « sous-développées », devenaient ipso facto illégitimes au regard des ambitions humaines universelles au développement. Ce faisant, il devenait par la même occasion légitime pour les opérateurs extérieurs se considérant comme eux-mêmes « développés », de s'autoriser à les prendre en charge. En transposant des classes sociales aux peuples le discours de Pierre Bourdieu sur les cultures dominantes et dominées, ils s'engageaient ainsi à « libérer les classes dominées en leur donnant les moyens de s'approprier telle quelle la culture légitime »[89], en l'occurrence celle du développement. L'arbitraire culturel occidental du sous-développement s'imposait désormais aux autres arbitraires culturels[90], autochtones, qui avaient tout de même, on l'oublie trop souvent, permis aux populations vernaculaires de vivre sur leurs territoires depuis des temps immémoriaux. Ce qui est démontré par le simple fait que les occidentaux « développés » les ont trouvées vivant sur ces territoires qu'ils avaient unilatéralement décidé d'investir, et qu'elles y vivent d'ailleurs encore à l'heure actuelle même si, pour la plupart d'entre elles, elles se retrouvent bien plus mal en point aujourd'hui, après plusieurs décennies d' « aide au développement », qu'elles ne l'étaient avant d'être colonisées puis « aidées ». Les Peuls n'ont pas eu besoin d'inventer le développement durable : ils l'ont pratiqué depuis toujours dans la relation symbiotique qu'ils entretenaient avec leur environnement, comme d'ailleurs les indiens Alakalufs de Terre de Feu qui, ayant vécu durant des millénaires dans les

---

[88] Monod, J. (1972).

[89] Bourdieu, P. ; Passeron J.-C. (1970).

[90] « La sélection de significations qui définit objectivement la culture d'un groupe ou d'une classe comme système symbolique est arbitraire en tant que la structure et les fonctions de cette culture ne peuvent être déduites d'aucun principe universel, physique, biologique ou spirituel, n'étant unies par aucune espèce de relation interne à la nature des choses ou à une nature humaine » Bourdieu, P. (1970).

pires conditions qui puissent exister pour un être humain, ont dû attendre l'arrivée de l'homme blanc *développé* pour disparaître, définitivement rayés de la planète.

Largement repris par la suite, ce terme de sous-développement aura pour principale conséquence de faire évoluer la perception d'un monde multiculturel caractérisé par la multiplicité de modes de vie également respectables vers un monde désormais scindé en deux groupes, assujettis l'un à l'autre : d'une part celui des développés dépositaires du savoir, des compétences et de l'autorité du développement, d'autre part celui des sous-développés incapables d'évoluer par eux-mêmes[91] et qu'il convient donc désormais d'aider. Cette époque marque **l'invention du sous-développement et de son corollaire la pauvreté**, désormais non plus individuelle mais collective, invention qui conduira à laisser aux experts occidentaux la détermination des « manques » à combler chez ces populations dorénavant considérées non plus comme différentes, mais comme attardées : nécessité de la monétarisation des échanges, contribution à l'émergence de besoins mercantiles, construction d'infrastructures destinées à répondre aux nouvelles carences générées par le processus imposé de « développement », etc. En bref, le modèle occidental du « développement » s'attachera avant tout à la disparition des gratuités et des partages et à l'assujettissement à de nouveaux besoins afin de faire entrer ces populations dans la dynamique de la croissance et dans le monde idéalisé d'un consumérisme considéré comme synonyme de progrès et de bien-être[92].

Dans ce nouveau paradigme du sous-développement, articulé autour du postulat idéologique d'une évolution unilinéaire et

---

[91] Pour autant qu'ils en aient perçu la nécessité, ce qui reste à démontrer.

[92] On notera ici avec intérêt que de plus en plus de penseurs considèrent que ce modèle doit être remis en question et avancent comme nouveau paradigme que les sociétés devraient ne plus consommer désormais que ce qu'elles sont en mesure de produire par elles-mêmes, en d'autres termes ce dont elles ont réellement besoin.

normalisée de l'ensemble de l'humanité, quelles qu'aient pu être sa diversité passée et les réussites indiscutables des sociétés vernaculaires, celles-ci se retrouvent désormais déclassées, dépouillées de leur identité et de leurs aspirations réelles pour se retrouver assimilées à la situation de leurs homologues européennes du Moyen-Âge et donc perçues comme incapables et arriérées au regard des standards actuels, plus encore qu'elles ne l'avaient été durant l'époque coloniale qui avait précédé[93]. L'appropriation du développement mondial par les experts du Nord implique l'expropriation concomitante de la maîtrise de leur devenir, mais aussi de leur présent, par les sociétés du Sud, l'abandon de l'essentiel de leur identité pour se fondre dans la masse désormais indifférenciée des consommateurs mondiaux, réels et potentiels. Car, comme l'affirmait Robert Mac Namara dans un discours de 1978 prononcé à la Banque Mondiale devant le Conseil des Gouverneurs : « on voit donc que l'expansion des échanges internationaux est indispensable à la croissance économique dont les pays en développement ont désespérément besoin »... afin d'atteindre, bien sûr, au bien-être économique...

Cette impérative nécessité d'aider les pays sous-développés à s'insérer dans la sphère marchande internationale pour accéder enfin au bien-être économique s'intégrait dans cette idée fondatrice de l'économie qu'il existait une vocation naturelle de tous les peuples, sans distinction, à « trafiquer, à faire des trocs et des échanges d'une chose pour une autre » (Adam Smith) ce qui était tout sauf naturel, ce que la myopie occidentale interdisait de voir. Comme le soulignera plus tard Gilbert Rist avec une acuité toute particulière, le problème n'était pas tant que des échanges marchands existassent lorsqu'ils étaient indispensables que de vouloir, à l'instar de ce que détermine le paradigme économiciste, considérer que les transactions marchandes devaient structurer la totalité des échanges au sein d'une société, niant ainsi l'importance du don comme élément constitutif essentiel de la vie en groupe[94]. En d'autres termes,

93 Kuzyk N. (2008).
94 Polanyi, K. (1944).

que la recherche du profit devait être le seul moteur de l'évolution de l'humanité vers plus de bien-être alors même que le fonctionnement des sociétés traditionnelles était largement structuré autour de pratiques relationnelles garantissant la pérennité du lien social en interdisant l'accumulation de surplus par certains individus au détriment des autres. Ces pratiques apparaissaient aberrantes du point de vue de la rationalité économique pour la simple raison qu'elles engageaient leurs acteurs dans une relation sociale alors que le fait de « payer » pour un bien ou un service marchand, ayant valeur immédiate de « solde de tout compte », permet d'éviter tout engagement entre les protagonistes autre que cet échange monétaire ponctuel. Un « chacun pour soi » (l'émergence de l'individu et de son intérêt propre) permettant aux plus performants dans le non-respect des règles sociales traditionnelles (rupture du contrat social préexistant, multiséculaire) de s'enrichir et de capter ce fameux surplus qui permettra ensuite le développement des exportations/importations et donc l'entrée de la société, dite désormais sous-développée et non plus traditionnelle, dans le monde plein de promesses du développement par l'échange marchand généralisé. Le développement économique passe par la déstructuration sociale : l'*homo œconomicus* individualiste et motivé par son seul enrichissement personnel doit l'emporter sur l'*homo socialis* intégré au groupe et à son environnement.

Cette appropriation du développement par les institutions du Nord ouvrait ainsi sur l'inquiétude formalisée par Rist suivant laquelle « une société ne peut pas, sans commettre une sorte de suicide collectif, confier à d'autres le soin de sa reproduction. Lorsque l'État[95] se trouve investi de cette tâche, il s'ensuit peut-être une formidable croissance de la *production,* mais la société comme telle - constituée par une série de rapports sociaux significatifs, c'est à dire porteurs de sens - dépérit »[96]. Cependant, nous l'avons dit, ce sont avant tout les besoins égoïstes du

[95] En l'occurrence, pour ce qui nous concerne, les experts du Nord et les individus et organisations « développementistes » et humanitaires de tous types.
[96] Rist, G. (1980).

Nord, producteurs sans cesse à la recherche de nouveaux marchés et de nouvelles ressources, qui définissent ce pseudo-altruisme de l'aide au développement et non ceux du Sud. Dans les discours, la mission, au sens religieux du terme, d'aide au développement vient alors se substituer à la mission civilisatrice antérieure qui avait été le propre de la période coloniale. Mission sans fin au regard du décalage toujours croissant résultant de l'accélération d'un progrès technologique et économique rendu chaque jour plus éloigné et plus inaccessible aux pays du Sud.

Ce n'est ainsi qu'à partir du moment où le développement devient érigé comme l'ambition ultime et universelle de toute société humaine qu'apparaît la notion, toute relative, de sous-développement. Le procès implicite qui est alors fait aux sociétés vernaculaires est de se contenter de leurs acquis, de leurs modes de vie traditionnels stables et éprouvés, de leur bien-être essentiellement non marchand, sans adhésion à cette ambition d'évolution et de progrès énoncée comme universelle.

En réalité, engagées depuis des temps immémoriaux dans une temporalité circulaire qui voyait, année après année, les mêmes saisons et les mêmes tâches se succéder, génération après génération, ces sociétés ne vivaient pas dans l'angoisse du devenir, n'étaient pas soumises à un impératif d'évolution qui n'avait pas lieu d'être puisqu'elles étaient, déjà, parfaitement adaptées à leur environnement. L'arrivée des développeurs étrangers a marqué pour eux la prise de conscience de leur différence signifiée non plus comme une altérité respectable mais comme une identité inférieure par référence aux paradigmes matérialiste et économiciste dominants du monde autodéclaré « développé ». Ne produisant pas d'excédents, ne pratiquant pas la compétition des individus les uns avec les autres, organisées autour de la satisfaction de besoins simples et fondamentaux, elles sont ainsi, du jour au lendemain, passées du statut de sociétés vernaculaires indépendantes et autonomes à celui de sociétés sous-développées dépendantes et asservies. Le besoin de développement qui leur a été imposé par l'extérieur a induit pour elles la remise en question des pratiques et des équilibres ancestraux, la perte de leur autonomie et, partant, de leur dignité. Mais pouvait-il en être autrement, pouvait-il être intelligible pour les professionnels de l'assistance qu'il n'y avait pas lieu d'aider des populations à sortir d'une pauvreté dans laquelle elles ne se trouvaient pas, d'un sous-développement dont elles n'avaient pas la connaissance, ne possédant même pas les mots pour le dire ?

Finalement, pour ces sociétés, **l'obligation du développement qui leur a été imposée signifie tout simplement la crise, l'obligation de la rupture** avec leurs valeurs, leurs pratiques, leur culture, l'abandon des équilibres ancestraux au profit du miroitement d'un enrichissement qui se révèlera le plus souvent inaccessible et surtout, sans aucune valeur - si ce n'est aucun prix - au regard de la destruction des fondamentaux humains jusqu'alors respectés et qui faisaient leur identité. Ces mêmes fondamentaux que les opérateurs touristiques spécialisés dans les produits authentiques et équitables viendront d'ailleurs plus tard vendre et montrer in situ à leurs clients « développés » à la recherche de sens, avides de retrouver autre chose dans les rapports humains que la seule avidité marchande. Valeurs humaines et culturelles que par ailleurs, en les « valorisant » économiquement par leur mise en marché touristique, ils contribueront à détruire.

La transition vers le développement est donc avant tout, pour les sociétés touchées, une crise, ce que certains n'ont pas hésité à qualifier de véritable ***ethnocide***, une destruction de culture[97] qui a fait que « les coutumes, qui jugeaient depuis la nuit des temps, se voient soudain citées à comparaître et jugées »[98]. Il n'y a d'ailleurs pas là grande surprise et l'on se rappellera la formulation qui voit le développement comme un ensemble de pratiques qui obligent à transformer et à détruire, de façon généralisée, le milieu naturel et les rapports sociaux en vue d'une production croissante de marchandises destinées à la

---

[97] Sur cette question, on pourra se reporter au recueil de textes publié par 10/18 sous le titre *De l'ethnocide* en 1972.
[98] Finkielkraut, A. (1979).

demande solvable. Destruction généralisée du milieu naturel et des rapports sociaux pour une production croissante de marchandises : c'est bien là le mécanisme du développement imposé. Un développement qui se définit en parfait contrepoint des fondamentaux des sociétés vernaculaires. Ce ne sont plus les rapports sociaux et les rapports avec la nature qui structurent et les relations marchandes qui demeurent accessoires mais l'inverse. Dans ce nouveau paradigme, les relations sociales constituent désormais un frein à une marchandisation absolue qui n'est plus le moyen de répondre à des besoins limités mais bien une fin en soi. On assiste à une inversion du sujet et de l'objet : l'homme et les relations sociales qui sont sujets dans les sociétés traditionnelles se voient, par la soumission à l'impératif du développement, transmués en objets à modifier et instrumentaliser. La marchandisation passe donc, en premier lieu, par la perversion des structures sociales antérieures et ce développement imposé se traduit en fait par un véritable ethnocide, par le « passage au blanc » de l'univers pour reprendre le terme de Robert Jaulin[99].

Cette crise se manifeste avant tout par une destruction d'identité et une perte de capacités, les capacités anciennes n'étant désormais plus utiles dans le nouveau contexte qui leur est imposé et les capacités nouvelles n'étant pas encore acquises, si tant est qu'elles puissent l'être un jour compte tenu du décalage croissant entre les sociétés dites « développées » et les autres. Cette crise, au-delà du bouleversement des structures sociales, culturelles et économiques, déjà profondément déstabilisant en soi, se manifeste ainsi par l'introduction de nouvelles vulnérabilités, inconnues jusqu'alors dans des systèmes traditionnels en réalité experts au regard de leurs capacités d'adaptation à un environnement parfois cruel. Des systèmes qui étaient parfaitement adaptés aux multiples contraintes auxquelles ces populations étaient amenées à faire face[100]. Le Tou-

---

[99] Monod, J. (1972).

[100] On en retiendra comme seule preuve le fait que ces populations se trouvent là à l'heure actuelle, après s'être passées de l'aide internatio-

couleur assisté de la planète mondialisée du début du XXIème siècle n'a plus la même identité culturelle, n'a plus les mêmes capacités de vie[101] et de résilience que ses parents et ancêtres dans la moyenne vallée du fleuve Sénégal. Il se retrouve à présent sans connaissances adaptées, sans savoir-faire ni capacités utilisables dans ce nouvel environnement qui lui est imposé, disqualifié au sens propre du terme. Tout lui est désormais à apprendre, et en premier lieu à désapprendre les valeurs fondamentales de la gratuité, du don, de l'accueil altruiste de l'autre pour ce qui concerne la pénétration intéressée des touristes et des humanitaires. Ce nouvel état de vulnérabilité et de dépendance, généré par l'action des développeurs eux-mêmes, permet alors de justifier, y compris sur le plan moral, l'intervention étrangère.

C'est ainsi au partage de leur propre aliénation à la sphère marchande et de leur mal-être que les développeurs convient les populations auxquelles ils imposent de subir leur compassion et leur assistance. Procédant par là-même à ce que l'on pourrait, sans exagération excessive, assimiler à la plus immorale et la plus imparable des recolonisations car mise en œuvre au nom de l'altruisme, du respect de l'autre et du bien-être de populations qui deviendront en réalité asservies et conditionnées à l'être chaque jour davantage. Des populations désormais mises dans l'impossibilité de se libérer d'une emprise caritative qui, après leur avoir dénié toute capacité à « s'en sortir » par elles-mêmes, confisque les énergies des plus volontaires (ou des plus soumis) en en faisant des alliés de l'intérieur qui vont contri-

---

nale et de l'appui des « développeurs » durant des millénaires, démontrant par là même leurs capacités à vivre et leur savoir-faire.

[101] Nous employons ici sciemment le terme de **vie** plutôt que celui de **survie. C**ontrairement aux appréciations éminemment subjectives portées à travers un regard occidental conditionné par le matérialisme marchand et la multiplication des besoins inutiles, même dans leur apparent dénuement qui a pu les faire qualifier précipitamment de « pauvres », les populations vernaculaires n'étaient pas engagées dans des stratégies de survie mais bien dans des dynamiques de vie, adaptées à leur environnement sur la base de capacités acquises et de stratégies patiemment élaborées au fil des siècles.

buer, pour leur plus grand bénéfice personnel, à accroître l'emprise des intervenants extérieurs désormais relayés au sein même des communautés locales. Car ne nous illusionnons pas : l'adhésion de certains autochtones aux « projets de développement » amenés de l'extérieur ne vaut pas plus validation morale de la qualité ou de la pertinence de cette aide que ne le valait l'adhésion de certains indigènes au projet colonial ou de certaines élites postcoloniales aux projets nationaux de développement issus de la « coopération » internationale, projets qui ont permis à certains d'accumuler des rentes de situation et des fortunes considérables au détriment du reste de la population, laissée pour compte dans l'opération.

C'est cette adhésion de certains des dominés au discours des dominants qui fournit la plus imparable des justifications à l'argument interventionniste : l'aide au développement ne peut être mauvaise puisque les populations aidées y adhèrent elles-mêmes. En effet, qui d'autre qu'elles-mêmes pourrait être mieux au fait de ce qui est bon pour elles ? Ce phénomène de légitimation du modèle dominant par l'adhésion de certains membres des groupes dominés a été largement étudié par Pierre Bourdieu dans la construction de ce qu'il qualifie de « cercle enchanté de la légitimité » : « Le langage d'autorité ne gouverne jamais qu'avec la collaboration de ceux qu'il gouverne, c'est-à-dire grâce à l'assistance des mécanismes sociaux capables de produire cette complicité, fondée sur la méconnaissance, qui est au principe de toute autorité »[102]. Cette sociodicée vient renforcer le mythe de la justification morale de l'intrusion développementiste, le rendant ainsi progressivement inattaquable.

Finalement, la destruction des anciens équilibres devient quelque chose de tout à fait normal car, comme le disait Alexis de Tocqueville en 1831 dans son récit de voyage en Amérique au cours duquel il a pu constater la dépossession puis la déchéance de la nation indienne : « L'homme s'accoutume à tout. À la mort sur les champs de bataille, à la mort dans les hôpi-

---

[102] Bourdieu, P. (1982).

taux, à tuer et à souffrir. Il se fait à tous les spectacles. Un peuple antique, le premier et le légitime maître du continent américain[103], fond chaque jour comme la neige aux rayons du soleil et disparaît à vue d'œil de la surface de la terre. Dans les mêmes lieux et à sa place, une autre race grandit avec une rapidité plus étonnante encore. Par elle les forêts tombent, les marais se dessèchent; des lacs semblables à des mers, des fleuves immenses s'opposent en vain à sa marche triomphante. Les déserts deviennent des villages, des villages deviennent des villes. Témoin journalier de ces merveilles, l'Américain ne voit dans tout cela rien qui l'étonne. Cette incroyable destruction, cet accroissement plus surprenant encore lui paraît la marche habituelle des événements de ce monde. Il s'y accoutume comme à l'ordre immuable de la nature. »[104].

---

[103] Les indiens, ndla.

[104] Tocqueville, A. de (1831).

À la suite du développement, la pauvreté.

> « *Si les sociétés primitives sont des sociétés d'abondance, alors sans doute les sociétés industrielles doivent être considérées comme des sociétés créatrices de pauvreté absolue (en dépit d'une apparente pléthore de biens)* »
>
> G. Rist[105]

La question de la pauvreté est certainement, parmi toutes les interrogations du développement, celle qui a fait l'objet du plus grand nombre de discours, de discussions, de conférences, séminaires et autres symposiums depuis plus d'un demi-siècle, d'engagements catégoriques également, visant, de manière récurrente, à l'éradiquer définitivement dans les décennies à venir. Notre monde du début du XXIème siècle ne fait pas exception et cette question demeure, plus que jamais à vrai dire, au centre de tous les débats scientifiques, politiques et médiatiques laissant ainsi penser qu'elle a encore un bel avenir devant elle et qu'elle continuera à occuper nos descendants des décennies durant, démontrant ainsi la vanité du *storytelling* généralisé énonçant que croissance et développement conduiraient inéluctablement et mécaniquement à sa disparition.

La pauvreté est aussi, apparemment, la notion la plus évidente, la moins discutable, la plus consensuelle dans son acception, celle sur laquelle tout le monde peut se prononcer. Et pourtant, qu'en est-il réellement ? Qu'est-ce vraiment que la pauvreté ? Est-elle de même nature au Sud qu'au Nord ? A-t-elle toujours existé, et sous quelles formes ? De tels questionnements sont-ils légitimes ou simplement le fait d'une réflexion intellectuelle déconnectée de réalités objectives, universelles et indiscutables ? En fait, au-delà de son apparente évidence pour des citoyens du Nord, la notion de pauvreté se doit d'être discutée, relativisée, explicitée.

---

[105] Rist, G. (1980).

La pauvreté a une longue histoire que nous ne retracerons pas ici. Cependant, quelques marques de parcours méritent d'être rappelées. En premier lieu, particulièrement intéressante en ce qu'elle contribue à éclairer notre propos, la vision religieuse médiévale de la pauvreté qui voyait dans l'existence des pauvres le moyen pour les riches, par l'aumône qu'il leur était conseillé de faire, de « racheter leur âme »[106]. L'utilisation du terme « racheter » ne nous paraît pas anodine mais particulièrement révélatrice, déjà, de l'existence sous-jacente et universelle de ce « marché » qui ramène tout au rang de simple marchandise, même l'âme… Une façon de penser d'autant plus révélatrice de cet ancrage profond de la rationalité marchande qu'on la trouve dans un texte religieux basé sur l'omnipotence de Dieu : s'il existe des pauvres, c'est bien que Dieu l'a voulu. Ils doivent donc avoir une utilité, en l'occurrence celle d'intercesseurs permettant aux riches le rachat de leur âme car « l'aumône éteint le péché » ouvrant ainsi la voie à « la charité égocentrique de celui qui marchande son salut avec l'aumône »[107]. Cette question de l'utilité du pauvre est fondamentale et l'historien Bronislaw Geremek, ancien ministre des affaires étrangères de Pologne, rappelait dans une conférence donnée en janvier 2002 dans le cadre des journées prospectives d'ATD Quart Monde qu'il avait trouvé un arrêt médiéval de condamnation à mort d'un vagabond au seul motif qu'il était « inutile au monde »…

Il faudra attendre le XVIème siècle pour qu'émerge progressivement l'approche laïque de la pauvreté avec, fait nouveau, l'apparition de la différenciation entre bons pauvres (ceux qui ne peuvent que l'être en raison de leurs incapacités ou infirmités) et mauvais pauvres (ceux qui pourraient ne pas l'être s'ils se décidaient à travailler en fonction de leurs capacités) dans les ordonnances d'assistance sociale de la municipalité d'Ypres en 1525 : pitié et assistanat pour les uns, sanction et répression pour les autres, ces fauteurs de désordre, ces « humeurs corrompues » pour reprendre les termes qu'utilisait Jean Bodin en

---

106 Saint Ouen (1851).

107 Mollat, M. (1974).

1577[108]. C'est en langue espagnole, vers la fin du XIVème siècle, que l'on trouve l'expression infamante de « mendiant valide »[109]. Le postulat de la liberté, l'égalité et la fraternité entre tous les citoyens, énoncé en France dès 1790, viendra poser en des termes différents la question d'une pauvreté, désormais analysée comme étant principalement un fait social. Face à l'embarras causé par le nouveau postulat d'égalité entre les hommes et à la question « comment peut-on être à la fois pauvre et citoyen ? », la pauvreté est désormais perçue comme une manifestation de faiblesse du corps social dans son ensemble, et non pas des seuls pauvres.

Plus près de nous, et afin de rester cohérent avec notre propos, il est intéressant de rappeler tout d'abord comment s'est construit, puis s'est imposé, ce concept de pauvreté au sein du système dominant de la pensée du développement. Dans son étude de 1944 intitulée *La Grande Transformation, aux origines politiques et économiques de notre temps*, Karl Polanyi nous rappelle qu'au XVIIème siècle, en Angleterre, les termes *poor* (pauvre) et *pauper* (indigent) se ressemblaient fortement et que « les gentilshommes d'Angleterre estimaient pauvres toutes les personnes qui ne possédaient pas de revenus suffisants pour vivre dans l'oisiveté » ce qui, en d'autres termes, revenait à considérer comme « pauvre » l'ensemble du peuple[110].

Concernant la période moderne, un bon point de départ nous est fourni par un retour sur l'acception la plus commune de ce terme de pauvreté, celle proposée tout bonnement par le dictionnaire Larousse pour lequel l'objet se définit de la manière la plus simple comme « le manque d'argent ou de ressources ».

Manque d'argent d'un côté, manque de ressources de l'autre. Aussi simplificateur soit-il, ce raccourci résume finalement parfaitement les différents paradigmes que construisent sur la pauvreté les institutions internationales chargées de lutter contre

108 Bodin, J. (1577).
109 Mollat, M. (1974).
110 Polanyi, K. (1944).

ce fléau et de promouvoir le « développement durable » de l'ensemble des peuples de la planète. Schématiquement, dans ce mode de pensée, le manque d'argent peut se transcrire en pauvreté monétaire et le manque de ressources, si l'on accorde à ce terme une acception plus large que celle des seules ressources économiques, en pauvreté humaine. Bien que très simplifié, certains diront à juste titre simpliste, ce schéma a le mérite de fournir une grille de lecture facilitant l'intelligibilité d'un phénomène complexe. Ceci pour la pauvreté vue du Nord, conceptualisée par les « développés » eux-mêmes. Il en ira différemment de la pauvreté vue du Sud, non pas du Sud d'aujourd'hui aliéné à l'impératif du développement, mais du Sud antérieur, celui des populations vernaculaires qui vivaient sans même avoir connaissance de ce concept qui leur a été imposé en les conduisant à se voir désormais disqualifiées et marginalisées au sein d'un monde auquel elles ne demandaient rien.

La pauvreté vue du Nord : un manque d'argent

« *La pauvreté fait donc figure de l'un des risques inhérents au processus de développement typique de la modernité, qui induit inévitablement une polarisation des ressources* »
G. Procacci[111]

Pour son premier terme, le manque d'argent, la définition de la pauvreté se situe clairement dans le paradigme de l'économie classique qui voit dans la consommation et l'échange marchand, médiatisés par l'argent, la source de toute utilité et donc de tout bien-être individuel ou collectif.

Dans cette approche monétariste de la pauvreté, le bien-être est supposé déterminé par l' « utilité » (entendue ici dans l'acception que les économistes accordent à ce terme) que tire l'individu de sa consommation de biens et services. Cette approche découle directement de la théorie microéconomique et est basée sur la prise en considération de la fonction d'utilité des individus qui les conduira à chercher à maximiser la satisfaction qu'ils pourront tirer de certaines combinaisons de consommations. Elle peut-être critiquée pour son caractère normatif et simplificateur. En particulier, il peut exister une forte contradiction entre la recherche de la maximisation de l'utilité de l'individu et son bien-être social. Comme le rappellent Lautier et Salama, « les indicateurs de niveau de consommation (alimentation, logement, habillement, loisirs, etc.) montrent bien que l'ouvrier spécialisé allemand, anglais ou français des années 1950 serait considéré comme « pauvre » de nos jours, si la pauvreté était seulement une affaire de niveau de vie ; pauvre, mais pas exclu : il participe d'un projet social commun et jouit de droits sociaux qui sont autant de droits à la couverture des risques »[112]. Mollat ne dit pas autre chose lorsqu'il rappelle que

---

[111] Procacci, G. (1993).

[112] Lautier, B. ; Salama, P. (1995).

« la pauvreté du chevalier n'est pas identique à celle du manant »[113].

En effet, comme nous l'avons déjà vu pour la croissance, dans l'acception monétariste de la pauvreté seules sont prises en considération les consommations privées, monétarisées et non pas les phénomènes d'exclusion ou de désocialisation, certainement beaucoup plus destructeurs. Les bénéfices tirés des biens et services publics gratuits ne sont pas non plus intégrés alors qu'ils peuvent être fondamentaux pour la détermination du bien-être des populations : qualité de l'environnement, état de la voirie, sécurité publique, droits civiques, etc. Par ailleurs, il existe des cas où l'augmentation du revenu peut se faire au détriment du bien-être individuel.

On peut en prendre pour exemple le cas d'un immigré africain en France. Dans son pays et son lieu d'origine celui-ci sera généralement, sauf dans les situations de fragilisation de plus en plus fréquentes induites par des dynamiques de « développement » destructrices des liens sociaux antérieurs, parfaitement intégré à sa communauté et ce, indépendamment du niveau de ses revenus. Immigré pour des raisons économiques dans un pays quelconque il se retrouvera quasiment à coup sûr en situation de pauvreté monétaire en raison, d'une part de la faiblesse des rémunérations auxquelles il pourra prétendre, d'autre part du prélèvement sur ses ressources qu'il devra effectuer pour en faire parvenir une partie dans son pays d'origine, et enfin des situations de précarité et de vulnérabilité dans lesquelles il se trouvera, deux risques inconnus dans son milieu traditionnel d'origine. Cette précarité et cette vulnérabilité seront d'autant plus fortes si, comme c'est souvent le cas, il a émigré sans papiers. L'augmentation considérable de son revenu par rapport à ce qu'il aurait été en demeurant dans son pays d'origine se paie ainsi au prix d'une dégradation de sa qualité de vie, en particulier dans ces composants sociaux les plus essentiels que sont l'intégration et la liberté, confirmant ainsi l'assertion de Haan suivant laquelle « le déterminant de la pauvreté n'est pas ce que

[113] Mollat, M. (1974).

l'individu possède mais ce que cela lui permet de faire »[114]. Malgré l'amélioration de l'indicateur statistique basé sur le niveau du revenu monétaire, le bilan en termes de bien-être sera donc très certainement négatif pour le migrant prolétarisé, coupé de son lien social et de la sécurité liée à son groupe d'origine.

D'un point de vue analytique, cette conception monétaire de la pauvreté présente des avantages considérables dans la mesure où elle ramène l'ensemble du questionnement à un dénominateur commun universel et facilement quantifiable : l'argent. Réduite à ce seul aspect comptable, la pauvreté peut ainsi être facilement cernée, conceptualisée et intégrée dans ces modélisations mathématiques dont se nourrissent les analyses économiques prétendument scientifiques. Ainsi accepte t'on sans réserves les chiffres d'incidences de la pauvreté produits par les institutions spécialisées et largement repris par les médias, sans s'interroger sur les conceptualisations et les constructions méthodologiques sous-jacentes qui font entrer dans une représentation d'autant plus intelligible qu'elle est simplifiée à l'extrême (un pourcentage de pauvres) des réalités en fait complexes et différenciées. La transcription de ce phénomène multidimensionnel en indicateurs synthétiques simples et facilement comparables, dans le temps comme dans l'espace, facilite la prise de ces soi-disant « décisions rationnelles » qui ont fondé, et continuent à fonder, les politiques nationales et internationales de lutte contre la pauvreté, avec les résultats que l'on sait. Ainsi, depuis l'étude fondatrice de Seebhom Rowntree menée en 1899 sur la ville de York et publiée en 1901[115], l'approche de la pauvreté par sa composante monétaire relève d'une forte tradition.

Malgré tout, sur le plan de la signification, le caractère synthétique des indicateurs basés sur la pauvreté monétaire procède d'un réductionnisme qui conduit à s'interroger sur leur capacité à représenter un phénomène aux manifestations, causes et effets, multiples et variés. Les critères de rigueur et d'objectivité

---

114 De Haan, A. (1998).

115 Rowntree, S. (1901).

mis en avant par les économistes – au titre de la primauté du mesurable sur le non-mesurable, de l'objectif sur le subjectif – se paient donc au prix fort en termes de simplification d'une réalité complexe. Ne serait-ce, par exemple, que pour la simple fixation d'un *seuil de pauvreté*, cette ligne de démarcation largement arbitraire différenciant théoriquement, à l'unité monétaire près, les pauvres des non-pauvres. Un arbitraire qui a d'ailleurs conduit les économètres, afin d'en améliorer une signification jugée trop simpliste, à proposer plusieurs indicateurs complémentaires :

- l'*incidence* de la pauvreté qui est l'indicateur de base indiquant la proportion de pauvres dans la population totale, c'est-à-dire le pourcentage de la population se trouvant au-dessous du seuil de pauvreté ;
- la *profondeur* de la pauvreté qui informe sur la distance moyenne séparant les revenus (ou la consommation) des pauvres de ce seuil, sachant qu'il sera moins « grave » d'être près du seuil que d'en être très éloigné. Cet indicateur est très important en matière de lutte contre la pauvreté dans la mesure où il pourra être stratégiquement plus intéressant pour les organisations chargées de lutter contre la pauvreté de « faire du chiffre » en ciblant les « moins pauvres des pauvres », plus faciles à faire émerger de la pauvreté que ceux pour lesquels le chemin à parcourir sera le plus important ;
- la *sévérité*, qui complète le précédent et nous informe sur les écarts de revenus (ou de consommation) entre les pauvres et nous rappelle que ceux-ci ne constituent pas une population homogène et peuvent l'être « plus ou moins ».

Le *seuil de pauvreté* apparaît donc comme la cheville ouvrière de toute une construction analytique malgré le fait que, comme Martin Ravallion lui-même le reconnaissait, alors qu'il était pourtant économiste et ancien directeur du Groupe de Recherche pour le Développement de la Banque Mondiale, « il n'existe pas de méthode idéale pour fixer les seuils de pauvreté, et les choix effectués prêteront presque certainement à controverse »[116]. Il sera donc utile ici, sans entrer pour autant dans le détail de considérations méthodologiques trop sophistiquées, de montrer comment, même sur un point aussi simple que celui de la fixation d'un seuil de pauvreté monétaire, l'arbitraire peut intervenir pour finalement rendre hautement discutables des résultats apparaissant faussement robustes en raison de leur soubassement mathématique.

Le seuil de pauvreté, valable pour un « domaine » donné (région, pays, type de milieu, etc.) ou bien pour l'ensemble de la planète comme prétendent l'être les normes de 1 et 2 $ par individu et par tête de la Banque Mondiale, peut-être déterminé de manière relative ou absolue.

La détermination d'un *seuil de pauvreté relatif* s'effectue généralement en le calculant comme un certain pourcentage de la moyenne arithmétique ou de la médiane de la distribution de la consommation de la population étudiée. Cette méthode est ordinairement retenue pour les études menées dans les pays développés, dans lesquels on considère que la pauvreté est avant tout un phénomène relatif, la satisfaction des besoins essentiels (nourriture, logement, santé, etc.) étant généralement assurée pour la grande majorité de la population. Une insuffisance importante de cette approche est qu'elle ne permet pas d'évaluer correctement les évolutions de la pauvreté dans le temps si toutes les dépenses varient dans le même sens car, dans ce cas, le seuil qui représente une proportion constante de la médiane ou de la moyenne se déplace en suivant cette évolution[117]. Pour qu'une différence apparaisse de manière notable il

---

[116] Ravallion, M. (1996).

[117] On notera un effet particulièrement intéressant de ce type de seuil de pauvreté qui est que lorsque le niveau de vie moyen ou median de l'ensemble de la population baisse, le nombre de pauvres décroit alors automatiquement. En d'autres termes, statistiquement, plus le pays s'appauvrit, moins on y compte de pauvres. C'est ce phénomène qui a joué en France dans les dernières années pour lesquelles les statistiques sont disponibles et a permis à certains de conclure à une dimi-

faut que la répartition de la consommation évolue de manière significative, en d'autres termes qu'il y ait une évolution des inégalités qui se traduira par une modification de la forme de la courbe de Lorenz représentant la répartition et l'inégalité des revenus, et donc du rapport entre la médiane et la moyenne. On le voit, statistiquement la signification à accorder à un tel seuil demeure sujette à discussion.

La détermination d'un *seuil de pauvreté absolu* évite ces écueils et passe par l'identification puis le chiffrement du coût de la satisfaction d'un certain nombre de besoins de base (alimentation et biens et services considérés comme essentiels), conformément à la méthode déjà utilisée par Rowntree en 1899. Mais il se retrouve immédiatement confronté à d'autre difficultés dans la mesure où ces besoins, ainsi que le coût de leur satisfaction, pouvant diverger suivant les régions ou les pays, on pourra être amené à calculer plusieurs seuils de pauvretés différents afin de respecter l'hétérogénéité des territoires socio-économiques. Les comparaisons deviennent alors largement dépendantes des normes appliquées par les experts à chacun de ces territoires.

Enfin, une autre méthode consiste à déterminer un *seuil de pauvreté subjectif* dépendant directement de l'appréciation que les individus ont de leur propre situation. Dans ce cas, le seuil sera fixé par référence à l'opinion des individus sur le niveau minimal de revenu (ou de consommation) en deçà duquel leurs besoins essentiels ne pourraient être satisfaits. Cette approche peut-être particulièrement intéressante dans la mesure où elle fait appel à l'appréciation des pauvres eux-mêmes sur leurs conditions de vie. Cependant, elle étend encore plus le domaine de subjectivité des normes retenues, avec toutes les limitations que cela comportera ensuite en matière d'analyses comparatives.

---

nution de la pauvreté alors que tous les indicateurs de précarité conduisaient à constater le contraire.

Enfin, d'autres seuils de pauvreté, purement normatifs ceux-là, pourront être définis, comme par exemple les normes de la Banque Mondiale de 1, 1,25 ou 2 $ par personne et par jour, calculées en parités de pouvoir d'achat, censées permettre les comparaisons internationales.

On le voit, rien que sur un composant aussi simple qu'un seuil de pauvreté, les méthodes et les normes différentes appliquées par les institutions et les experts produiront des images totalement divergentes d'une même réalité dont il ne sera jamais certain, par ailleurs, qu'elles correspondent, de près ou de loin, à la perception de leur propre situation que pourraient avoir les pauvres eux-mêmes. En effet, approcher la pauvreté par le biais de ces artefacts méthodologiques présuppose que les individus ne peuvent tirer leur subsistance et la satisfaction de leurs besoins que de leurs propres revenus monétaires : c'est ainsi la pauvreté d'un *homo œconomicus* solitaire et isolé qui est dessinée, et non celle d'un homme social inscrit dans un groupe et disposant par là même des ressources et de la solidarité de l'ensemble de la communauté. Le résultat est que, ainsi que le soulignait Raymond Chambers, « c'est alors le réductionnisme de l'économie, et non l'expérience des pauvres, qui définit la pauvreté »[118]. Cet état de fait découle d'une part de la prééminence des économistes dans les discours sur le développement, d'autre part du modèle dominant de développement basé sur l'accès à la production et à la consommation mondiales, et enfin de l'attrait pour un indicateur simple, mesurable, très facilement intelligible et supposé objectif, tous éléments contribuant à sécuriser la prise de décision.

D'autres critiques peuvent être formulées. Par exemple le fait de ne prendre en considération que le revenu instantané du ménage, évalué lors d'enquêtes ponctuelles, sans y intégrer de lissage sur plusieurs années. Difficulté encore accrue en milieu traditionnel où les notions de revenus, de chiffre d'affaires ou de bénéfice, généralement intraduisibles en langues vernaculaires, sont totalement floues et leurs montants quasiment incal-

[118] Chambers, R. (1995).

culables, les entrées d'argent, lorsqu'elles existent, étant le plus souvent ponctuelles, fortement variables et évaluées de manière très approximative. Une critique qui prend tout son sens si l'on considère qu'une erreur, même infime, peut faire passer un individu de la situation de pauvre à celle de non pauvre et inversement. Et pourtant les experts s'en accommodent, alors même que les intervalles de confiance considérables de telles données devraient les amener à en interdire les usages qui en sont faits. Remplacer la prise en considération des revenus par celle de la consommation, comme cela a été souvent préconisé, ne fait que déplacer le problème et n'apporte pas vraiment de solution. Tout d'abord parce qu'elle ne s'attache qu'à la partie de la consommation faisant l'objet d'échanges monétarisés, d'autre part parce qu'elle conduit à négliger totalement les préférences individuelles. Ainsi un individu ayant peu de besoins, et consommant donc volontairement peu, courra le risque d'être classifié comme pauvre alors qu'un autre aux besoins plus importants, et qui ne sera pourtant peut-être pas satisfait par son niveau de consommation élevé, ne le sera pas. Par ailleurs, la difficulté de collecte des informations demeure également rédhibitoire, comme dans le cas des revenus, et les marges d'erreur constatées devraient interdire tout usage de données de ce type.

La question de la non-prise en compte du patrimoine se pose également : est-il conséquent de classifier comme pauvre un individu à revenus très faibles mais au patrimoine important qui lui permettra, par exemple, de subvenir par lui-même à nombre de ses besoins tels que le logement ou l'alimentation, voire à accéder à des services par l'échange ? Sans parler de la valeur marchande potentielle de ce patrimoine, qui ne sera comptabilisée que s'il fait l'objet d'une transaction réelle : toujours cette prégnance du marché et de l'échange monétarisé comme lieu unique de création de richesse et source de bien-être.

Cette approche de la pauvreté monétaire, fortement réductrice mais tellement commode, résulte directement des notions de développement et de sous-développement que nous avons précédemment analysées. **La pauvreté monétaire n'est rien**

d'autre qu'une « pauvreté de développé », le développement étant entendu comme l'accès à la consommation marchande. Elle n'est alors qu'une insuffisante capacité à accéder au marché : une pauvreté imaginée et imposée par la culture et le système économique dominants. Une forme de pauvreté dont on peut considérer qu'elle a été véritablement inventée de toutes pièces pour servir d'instrument et de justification à l'altruisme de la bienveillance institutionnalisée. Ce qui ne veut pas dire pour autant que ces sociétés vernaculaires étaient exemptées des manques, des besoins inassouvis et des souffrances, mais tout simplement qu'ils ne revêtaient pas ce caractère d'exclusion sociale. On rappellera d'ailleurs que dans de nombreuses langues vernaculaires, le terme de « pauvreté » au sens de « pauvreté monétaire » ne possède pas de traduction directe. Il faudra alors, pour se faire comprendre, recourir à des analogies faisant référence à des manques d'une toute autre nature.

On comprend bien l'importance déterminante de la pauvreté monétaire au regard du paradigme du développement à l'occidentale conçu simplement comme une augmentation permanente de la capacité à consommer. Une capacité analysée comme indispensable aux marchands pour vendre et gagner toujours plus. C'est bien le mobile du gain du marchand qui est ici déterminant, plus que celui du bien-être du consommateur. Aucun altruisme ne s'y insère, contrairement aux assertions avancées pour soutenir l'idée de l'impératif du développement généralisé, ce qu'illustre parfaitement le propos de Jacques Monod sur la perception occidentale de la pauvreté de l'indien simplement parce qu'il « ne rapporte rien » [119].

Cet impératif du primat de l'économique sur le social n'est pas nouveau et Karl Ponalyi nous rappelle qu'un document officiel de 1607, préparé en Angleterre pour l'usage des Lords du Royaume, posait déjà les bases d'un changement destiné à asseoir la légitimité du progrès économique au prix du bouleversement social : « L'homme pauvre sera satisfait dans son but : l'Habitation ; et le gentilhomme ne sera pas entravé dans

---

[119] Monod, J. (1972).

son désir : l'Amélioration »[120]. Quatre siècles plus tard, on peut encore trouver dans ces quelques mots les bases de la stratégie mercantile de l'aide au développement : assurer le minimum aux populations vernaculaires afin de permettre, par la paix sociale ainsi acquise, aux agents économiques les plus dynamiques de valoriser les opportunités ainsi dégagées et d'engranger en toute quiétude le maximum de bénéfices. Nous en donnerons une illustration plus loin en analysant les stratégies mises en œuvre par les opérateurs internationaux du tourisme dit responsable afin de s'approprier, en en limitant les risques, les aménités patrimoniales des pays du Sud qui constituent leur fonds de commerce.

C'est donc bien l'invention, puis la construction conceptuelle et statistique de cette notion de pauvreté monétaire, à la suite de celle du sous-développement, qui viendra légitimer le droit des sociétés développées du Nord à entraîner à leur suite, dans leurs mêmes errances, les sociétés désormais assujetties du Sud et à leur imposer leur charité intéressée. Car ne l'oublions pas, si les échanges ont toujours existé, dans toutes les sociétés, médiatisés ou non par des monnaies quelconques, le phénomène nouveau (à l'échelle de l'humanité puisqu'il ne date que de quelques siècles) est celui de l'omnimarchandisation des choses et des individus et de la domination absolue du marché sur l'ensemble des systèmes socio-économiques. Seul *l'homo œconomicus* inventé à la suite des travaux d'Adam Smith en 1776 sur *La Richesse des Nations* peut être pauvre au sens monétaire du terme. L'homme social multimillénaire des sociétés dites vernaculaires, lui, a pu souffrir de bien des maux, mais n'a jamais été classifié en fonction de ses seules capacités à accéder à une consommation marchande qui n'était alors pas sublimée comme aspiration universelle et exclusive de l'être humain dans sa recherche du bonheur ou, plus simplement, de l'amélioration de son bien-être. Le mobile du gain n'existait pas et les échanges étaient généralement personnalisés et codifiés, basés sur la réciprocité et la redistribution, le système économique n'étant qu'une simple fonction de l'organisation sociale et non

---

[120] Polanyi, K. (1944).

l'institution dominante[121]. Alors que l'homme social existe par le lien social, l'homme économique, encapsulé dans une chrématistique individualiste et excluante, n'émerge que par sa destruction[122]. Sans ces prémices destructrices résultant de l'émergence du marché comme primat absolu, pas de pauvreté monétaire… et donc pas de business de la pauvreté.

---

121 Polanyi, K. (1944).

122 Il me revient à l'esprit ce marchand de foire qui énonçait avec cynisme et satisfaction que, pour lui, « le bon client était celui qui ne revenait pas », c'est-à-dire celui qu'il avait réussi, par ses boniments, à « faire payer » beaucoup plus que la valeur réelle de l'objet vendu…

La pauvreté vue du Nord : un manque de ressources

Le second terme de cette acception commune, le manque de ressources, est considérablement plus intéressant. Dans la mesure où il inclut les dimensions non marchandes du phénomène il se définit comme plus universel et ouvre donc sur des réalités plus complexes et plus conformes aux réalités des pays du Sud. En effet, il ne faudrait pas ici faire preuve de naïveté en considérant ces sociétés comme idéalement égalitaires et respectueuses des droits de chacun. Des phénomènes de manque et d'exclusion y ont opéré et y opèrent toujours, comme ailleurs, mais la raison marchande n'y a généralement été, jusqu'à la soumission aux diktats du « développement » économique, qu'inexistante ou très marginale. Dans les approches institutionnelles modernes, ce concept ouvre donc sur toutes les approches dites « humaines » de la pauvreté qui considèrent qu'elle procède avant tout des déficits de ressources humaines de l'individu - santé, éducation, insertion sociale - bien plus que de son manque d'argent qui n'en est que l'une des causes ou des conséquences parmi d'autres.

C'est cette prise de conscience de ce caractère multidimensionnel et dynamique de la pauvreté et des insuffisances des approches uniquement monétaires qui a amené les chercheurs à essayer de voir au-delà et à donner un nom plus intelligible à ce phénomène complexe. C'est ainsi qu'a progressivement émergé la notion de « déficit de bien-être » comme plus petit dénominateur commun et donc comme définition synthétique de la pauvreté (ou bien, pour reprendre la terminologie anglo-saxonne, un mal-être, *illbeing*). Ceci était formalisé dès 1996 par Martin Ravallion : « on peut dire que la pauvreté existe dans une société donnée lorsque le bien-être d'une ou de plusieurs personnes n'atteint pas un niveau considéré comme un minimum raisonnable selon les critères de cette même société »[123]. Tout est dit en ces quelques mots, et surtout l'essentiel qu'il convient de

---

[123] Ravallion, M. (1996).

souligner : « **selon les critères de cette même société** », et c'est un expert de la Banque Mondiale qui parle… Or, justement, ce ne sont jamais les critères de ces sociétés qui ont été appliqués pour qualifier la situation des individus qui y vivaient, mais bien ceux des sociétés matérialistes et marchandes d'où étaient issus les experts « développés » penchés au chevet de ces soi-disant malades. Il ne pouvait évidemment rien en sortir de bon pour ceux qui deviendront de ce fait des déclassés puis des assistés, justifiant ainsi le développement du *charity business* et l'existence des institutions spécialisées, gouvernementales et autres. Et peu importe que dans les sociétés traditionnelles ce déficit de bien-être ne portait pas le nom, péjoratif et culpabilisant, de pauvreté.

Cette approche dite humaine de la pauvreté marque malgré tout un pas en avant dans la compréhension du phénomène. On relèvera cependant qu'elle procède des mêmes prémisses, de la même erreur originelle de lecture, à savoir qu'il existe obligatoirement des pauvres dans les sociétés traditionnelles – ce qui est évident si l'on retient cette notion de « déficit de bien-être » tant il est peu imaginable que des sociétés puissent n'être constituées que de gens heureux - mais surtout qu'il relèverait des seules compétences occidentales de pouvoir les éradiquer. Avec ici encore une nouvelle interrogation, sans réponse, sur l'impériosité - ou la possibilité - de l'éradication de la pauvreté. En effet, il n'y a que la pauvreté monétaire, normative et statistique, qu'il peut être envisageable d'éliminer par le simple déplacement de curseurs mathématiques. L'autre, la pauvreté relative, est vouée à toujours demeurer, même au sein des sociétés ou des groupes monétairement les mieux dotés. Mais là n'est sans doute pas l'essentiel, la logique marchande voulant que soit préservé ce marché juteux de l'aide au développement, de la même manière que les compagnies d'assurances ne gagneraient rien à la diminution du nombre de sinistres, bien au contraire…

Dans l'approche de la pauvreté humaine, le bien-être est supposé résulter des facultés dont disposent les individus, comme par exemple les capacités de se nourrir convenablement, de préserver sa santé, d'assurer son éducation et celle de sa famille, etc. Suivant les milieux, ces facultés peuvent être fortement déconnectées des niveaux de revenus. Le statut social par exemple pourra constituer un substitut fort au déficit de revenus. En Afrique, l'individu intégré dans un groupe bénéficiera ainsi de la solidarité de ce groupe ou de la déférence d'autres groupes. A l'inverse, l'individu disposant de ressources monétaires mais coupé de son lien social pourra se retrouver dans une situation bien plus précaire qu'un autre qui ne bénéficiera pas de la même « richesse » monétaire. En Europe certains statuts particuliers, comme celui d'artiste par exemple, pourront faire qu'un individu impécunieux ne sera pas automatiquement considéré comme pauvre.

Dès les années 80 l'économiste Amartya Sen, futur prix Nobel d'économie, allait au-delà de la prise en considération de la simple satisfaction des besoins par la consommation de biens et de services. Il considérait ainsi que ce sont les dotations et les droits des individus (*entitlements*) ainsi que leurs capacités (*capabilities*) qui déterminent leur bien-être et non pas seulement le niveau de leur consommation. Au sein du Programme des Nations Unies pour le Développement (PNUD) cette analyse a ouvert la voie aux problématiques de l'intégration sociale et de la vulnérabilité. Après l'Indicateur de Développement Humain de 1990 (IDH), destiné à mesurer le chemin déjà parcouru dans la voie du développement humain, le PNUD proposait ainsi en 1996 un Indicateur de Pénurie de Capacités (IPC), remplacé en 1997 par l'Indicateur de Pauvreté Humaine (IPH) élaboré à partir des travaux de Sudhir Anand et Amartya Sen. Dans le souci de mieux approcher la pluridimensionnalité de la pauvreté, cet indicateur prend en considération certains de ces aspects non matériels du bien-être à savoir l'espérance de vie des individus, leur instruction et leurs conditions d'existence.

Cet indicateur reflète mieux que celui basé sur la pauvreté monétaire les conditions de vie réelles des populations puisqu'il s'attache directement au résultat des carences (état constaté des populations) et non plus aux moyens supposés pouvoir pallier à ces mêmes carences (détention de revenus monétaires). Il souffre cependant de certaines limites dans son usage. Sur le plan méthodologique, nous l'avons déjà souligné précédemment, compte tenu de l'hétérogénéité de ses composants et de la variabilité de leurs intervalles mathématiques de variation, il est fortement critiquable[124].

L'Indicateur de Pauvreté Humaine

L'IPH intégrait, lors de sa conception, cinq variables relevant de trois domaines différents (PNUD, 1997) :

➢ *Santé : Les déficiences en termes de santé sont évaluées par la probabilité de décéder avant l'âge de 40 ans, indicateur censé synthétiser les carences en ce domaine.*

➢ *Instruction : Les déficiences en termes d'instruction sont mesurées par le pourcentage de la population âgée de plus de 15 ans frappée par l'analphabétisme.*

➢ *Conditions de vie (ou dénuement économique pour reprendre la terminologie du PNUD) : Les déficiences en termes de conditions de vie sont évaluées par le calcul d'un sous-indicateur synthétique intégrant trois facteurs représentant trois dimensions de la pauvreté :*

- *l'accès à l'eau potable, évalué par le pourcentage de la population n'ayant pas accès à une source d'eau considérée comme potable ;*
- *l'accès aux soins de santé, évalué par le pourcentage de la population n'ayant pas accès aux services de santé de base ;*
- *la qualité de l'alimentation des enfants évaluée par le pourcentage d'enfants mal nourris.*

---

[124] Minvielle, J.-P. ; Bry, X. (2003).

Par sa construction statistique, si l'IPH peut être considéré comme une mesure de l'incidence de la pauvreté humaine dans un pays ou une région donnée il ne permet cependant pas, à l'inverse de l'Indicateur de Pauvreté Monétaire, d'identifier la population touchée par les manques dans les domaines pris en considération. Il fournit donc une évaluation plus générale de la pauvreté humaine, en termes d'incidence « moyenne ». Sa pertinence statistique sera donc beaucoup plus relative (comparaisons entre différents pays ou régions) qu'absolue (détermination d'un certain nombre de pauvres au sein d'un pays ou d'une région).

Comme beaucoup d'autres, cet indicateur multidimensionnel a subi de nombreuses critiques, la plus fondamentale d'entre-elles portant sur le caractère finalement subjectif, voire même politique ou idéologique, du choix (ainsi que du nombre) des variables entrant dans sa composition. Ces choix limitent en fait l'apparente objectivité supposée résulter des méthodes mathématiques retenues pour l'élaboration de cet indicateur quantitatif[125]. On peut également rappeler les critiques portant sur le choix d'une pondération égale de tous les composants[126], tout en notant que le choix de pondérations différentielles pose de nombreux autres problèmes de méthode, également largement sujets à débat, ce qui a conduit Alain Desrosières à parler de « magie statistique » en rappelant que « la possibilité de manipuler sans les déformer des objets macrosociaux fondés sur des calculs statistiques permet aujourd'hui de circuler sans efforts entre plusieurs niveaux de réalités dont les modes de construction sont pourtant fort différents : c'est la **magie statistique**... »[127].

Si cette approche a le mérite de tenter de réconcilier les différentes dimensions constitutives du phénomène, il est bien évident que ce « déficit de bien-être » sera conceptualisé et

---

[125] Baneth, J. (1998) ; Booysen, (2002) ; Streeten, P. (1995) ; Sachs, W. (1995).
[126] Atkinson, A. B. (2003).
[127] Desrosières, A. (2000).

analysé de manières différentes suivant les disciplines scientifiques et les différentes lectures possibles de la pauvreté : l'économiste classique en restera à l'utilité tirée de la consommation marchande de biens et services alors que le sociologue se focalisera plutôt sur l'intégration dans le groupe et le lien social. Les complexités des définitions et des méthodes d'analyse proposées montrent bien l'embarras des experts confrontés à la double exigence de représenter de la manière la plus simple possible une réalité complexe et, dans le même temps, d'éviter de la dénaturer complètement en en proposant une représentation outrageusement simplifiée, voire caricaturale.

Un autre des problèmes auxquels seront confrontés les analystes est que le bien-être, par sa nature même, est essentiellement individuel et peut résulter de causes multiples alors que l'analyste de la pauvreté tentera de dépasser les situations individuelles et leurs spécificités pour rechercher des manifestations et des causes plus générales. Plusieurs approches sont alors possibles, s'intégrant dans un continuum allant du paradigme naturaliste à l'herméneutique, qui doivent être considérées plus complémentaires qu'opposées. En raison des divergences fondamentales de leurs prémisses, il est clair que ces différentes approches donneront des résultats différents.

Face aux insuffisances des schémas monétaires classiques, la nécessité devenue évidente d'élargir le champ d'analyse de la pauvreté à des dimensions multiples se trouve alors très vite confrontée à l'impossibilité d'aboutir à des combinaisons d'indicateurs qui satisfassent à la fois la véracité de la représentation et l'intelligibilité et, plus encore, qui fassent que la vérité de l'expert rejoigne celle du pauvre : avis contre vie…

Avis d'experts / vies de pauvres

Par la prégnance des normes qui définissent à chacun sa place dans la société en fonction de ses capacités marchandes et par l'assistance institutionnalisée destinée à en atténuer le fardeau on assiste ici encore, au Sud comme au Nord, dans les steppes arides du Sahel comme dans les banlieues de nos cités, à une confiscation des autonomies et des libertés par ceux « qui savent » et qui sont donc le plus à même de décider pour ceux supposés ne pas disposer des mêmes capacités. Ceci conduit alors à la domination des ***avis d'experts*** sur les connaissances qui pourraient être tirées de leurs ***vies de pauvres*** par les premiers concernés eux-mêmes. En effet, si l'on accepte l'assertion suivant laquelle « ceux qui sont pauvres et en manque ne souhaitent pas être pauvres et en manque »[128], on peut considérer que ceux-ci déploient des efforts considérables pour analyser leur situation et trouver les voies et moyens de s'en sortir par eux-mêmes, en fonction de leurs capacités. Ils possèdent donc, de fait, une certaine « expertise » dans le domaine de la pauvreté qu'il serait extrêmement instructif de prendre en considération, ne serait-ce que pour constater à quel point leurs analyses peuvent différer de celles des « experts professionnels » pour lesquels la pauvreté n'est qu'un simple objet d'analyse, lointain, dépersonnalisé et… rémunérateur.

Les dangers de l'expertise, de la définition de politiques à partir de modélisations et de normes pas toujours adaptées sont pourtant bien connus et ont reçu une confirmation éclatante avec le Rapport publié en janvier 2013 par Olivier Blanchard, directeur du Département Recherche du Fonds Monétaire International, et David Leigh. Intitulé de manière explicite *Erreurs de prévision de croissance et multiplicateurs budgétaires*[129] ce document reconnaît une erreur de modélisation (sous-estimation du multiplicateur fiscal, c'est-à-dire de l'impact négatif sur la

---

[128] Chambers, R. (1995).

[129] Titre original : *Growth Forecast Errors and Fiscal Multipliers.*

croissance de la limitation des dépenses publiques) qui a conduit à des résultats opposés à ceux attendus par les politiques d'austérité imposées par le FMI à un certain nombre de pays, principalement du Sud. En d'autres termes, à ce que les politiques d'austérité ont contribué à détruire de la croissance, et donc à augmenter encore plus les déficits. Comme l'énonce le rapport lui-même : « les freins à la croissance ont été plus importants dans les économies ayant pratiqué les plus importantes coupes fiscales »[130]. En termes clairs et intelligibles, c'est dans les pays ayant suivi avec la plus grande rigueur les injonctions du FMI que les dégâts causés en termes de réduction de la croissance et d'appauvrissement ont été les plus considérables : le remède supposé n'a fait qu'accroître le mal.

Pour autant, les leçons n'en ont été que très partiellement tirées puisque le rapport conclut sur une simple erreur méthodologique sans qu'une seule ligne ne soit écrite concernant les effets désastreux sur les pays concernés des politiques d'austérité qui ont été mises en œuvre sur la base de cette « expertise » erronée. Il ne s'agit là que d'une simple erreur d'appréciation, bien pardonnable puisque avouée, et qui sera corrigée dans le futur. Et peu importent finalement les désastres économiques induits sur les plus vulnérables que ces choix ont conduit à tomber dans les trappes à pauvreté qui ont été creusées sous leurs pas par ces préconisations « expertes ».

[130] Blanchard, O. ; Leigh, D. (2013).

La pauvreté vue du Sud

« *Affamé comme un vrai Peul !* »
Fary Ka

« Affamé comme un vrai Peul ! » revendiquait Fary Ka, chef du laboratoire de linguistique à l'Institut Fondamental d'Afrique Noire de Dakar : la noblesse d'une ethnie, le mépris des considérations matérialistes, le détachement de ce que le père de Théodore Monod dénonçait comme ces « possessions qui nous possèdent ».

En 1984, le Conseil Européen déclarait que devaient être considérées comme pauvres « les personnes dont les ressources (matérielles, culturelles ou sociales) sont si faibles qu'elles sont exclues des modes de vie minimaux acceptables dans l'État membre où elles vivent ». Le plus intéressant dans cette n^{ième} tentative de définition de la pauvreté était la mention « dans l'État membre où elles vivent ». Celle-ci considérait donc la pauvreté comme un phénomène relatif, variable d'un État à un autre, en fonction des standards locaux de modes de vie. Ainsi, le fait de ne pas posséder de permis de conduire ou de véhicule automobile, de télévision ou de téléphone portable, considérés comme des marqueurs d'exclusion et de pauvreté dans les États développés du Nord, ne seraient jamais que des manifestations de normalité dans bon nombre de pays du Sud, les individus possédant ces différents attributs se voyant au contraire qualifiés de riches. Les minimaux acceptables en matière de modes de vie apparaissent donc fondamentalement différents au Nord et au Sud, ce qui montre la difficulté de vouloir procéder à des mesures comparatives sur la base de standards qui n'ont aucun caractère d'universalité et procèdent, pour nombre d'entre eux, de simples arbitraires socioculturels et économiques.

Mais la difficulté est encore accrue dès lors que l'on s'intéresse aux sociétés traditionnelles au sein desquelles les « modes de vie minimaux » apparaissent très largement inintelligibles pour les observateurs extérieurs considérant leurs propres normes comme allant de soi et valables pour l'ensemble de l'humanité.

« Affamé comme un vrai Peul ! », qui peut comprendre que, sous la fausse apparence de la boutade, c'est de l'identité profonde du peuple Pulaar, de sa dignité, de sa liberté sans concessions que parlait en proférant ces mots Fary Ka, de la noblesse du dénuement, là ou l'occidental victime de sa cécité matérialiste et statistique ne verra que misère et pauvreté... et s'empressera d'imposer sa compassion humanitaire à des hommes n'ayant jamais rien demandé si ce n'est le respect de leur identité et de leur culture.

Dès lors il n'est pas étonnant que les experts, se basant exclusivement sur leur propre référentiel articulé principalement autour des aptitudes à la consommation marchande, identifient la pauvreté là où, en réalité, elle n'existait pas avant qu'ils ne l'y déclarent. En effet, là où ils voient des populations entières marginalisées dans la pauvreté, celles-ci ne comptaient pourtant pas, sauf exception particulière toujours possible mais pas pour autant significative, d'individus « exclus des modes de vie minimaux » suivant les standards locaux. La consommation marchande des Peuls et Toucouleurs du Fouta Toro au début des années 70, dérisoire, aurait pu facilement les faire caractériser comme dramatiquement pauvres, même par comparaison avec celle de leurs frères émigrés dans les bidonvilles de Pikine ou Guédiawaye dans la banlieue de Dakar. Et pourtant, la réalité était toute autre. Ce sont ces derniers qui se vivaient pauvres, et qui l'étaient en fait devenus, coupés qu'ils étaient de leur environnement d'origine, de leur identité et de leur culture, alors que ceux demeurés au Fouta Toro, bien que démunis de ressources monétaires dont ils n'avaient en fait que peu d'usage, ne se retrouvaient pas, pour reprendre les termes du Conseil de l'Europe, exclus des modes de vie minimaux localement acceptables.

Cette invention de la pauvreté résultait, au contact de l'Occident et de son paradigme de la marchandisation universelle, de la soumission désormais imposée de l'organisation sociale à l'organisation économique alors qu'elles étaient auparavant étroitement imbriquées l'une à l'autre. Un phénomène tout à fait nouveau et destructeur pour des sociétés vernaculaires totalement déconnectées de ces notions de gain, d'enrichissement individuel au détriment des autres, de productivité sans limites et d'échange purement marchand qui ne pouvaient s'exercer tant que le système économique n'était qu'une partie constitutive du système social traditionnel global au sein de ce que Marcel Mauss appelait un « phénomène social total »[131] et qui faisait que l'on échangeait des rapports sociaux plus que de simples choses dans le souci de la préservation du groupe et de la solidarité entre ses membres. C'est-à-dire l'exact contraire des sociétés dites développées qui échangent des choses, biens ou services, au détriment des rapports sociaux et dans la seule recherche de la maximisation du profit individuel, quel que puisse en être le prix à payer pour le groupe dans son ensemble. Les scandales récurrents de fraudes aux conséquences parfois mortelles dans le marché de l'agroalimentaire mondialisé montrent bien à quel niveau de délabrement moral de la société ces pratiques, encensées par les économistes et enseignées dans toutes les écoles de commerce, ont pu conduire.

Le mode traditionnel d'organisation, par l'imbrication entre l'économique et le social, préservait de la marginalisation ou de l'éviction qui auraient pu résulter, pour les plus vulnérables, de la dissociation des fonctions ; ce qui se produira par la suite avec l'introduction de la modernité, l'aide au développement et les actions humanitaires qui viendront bouleverser les systèmes et les équilibres ancestraux et rendre nécessaire de légiférer et d'aider par la loi à la préservation de ceux qui étaient désormais devenus les plus faibles, alors que le nouveau modèle moral imposé par le Nord faisait au contraire règle de l'exploitation des uns par les autres.

---

131 Mauss, M. (1950).

Mais l'Europe avait déjà vécu elle-même une crise identique, à la différence près qu'elle en était la seule responsable, qu'elle n'était que le résultat de son évolution endogène. C'est ainsi durant la phase la plus active de la révolution industrielle en Angleterre, fin XVIIIème / début XIXème, que les effets dévastateurs de la destruction sociale induite par la généralisation de l'économie de marché se firent le plus durement sentir. Les excès constatés de cette nouvelle sauvagerie sociale, en faisant des plus faibles la proie sans défense des plus forts, a abouti à remettre en question jusqu'à leur droit de vivre. Face à la détresse des nouveaux pauvres et au risque d'explosion sociale, les juges du Berkshire, réunis à Speenhamland en mai 1795, édictèrent alors un système de secours (*allowance system*) destiné, sur la base d'un barème complexe, à assurer le minimum vital alimentaire aux populations nouvellement marginalisées qui, jusqu'alors, avaient parfaitement réussi à subsister par elles-mêmes. Quelques années plus tard il apparut que, par ses effets pervers et en particulier en décourageant le travail salarié, ce « droit de vivre » était devenu, pour reprendre le terme employé par Karl Ponalyi, un « piège », une véritable trappe généralisant et entretenant la pauvreté pour aboutir à « ce résultat ironique que la traduction financière du 'droit de vivre' finit par ruiner les gens que ce 'droit' était censé secourir »[132]. En 1834, ces lois furent abolies par l'amendement à la loi sur les pauvres (*Poor Law Amendment Bill*).

En 1888, le journaliste et écrivain américain Edward Bellamy publiait un roman, intitulé en français *Cent ans après ou l'an 2000* [133] dans lequel il décrivait le jugement qu'était amené à porter sur la société industrielle de la fin du XIXème siècle un homme, Julian West, qui s'était retrouvé par accident projeté dans la société (qu'il imaginait idéale) de l'an 2000, une société dégagée des poisons de l'individualisme et du primat de l'économique et de la marchandisation sur le social. Il est difficile de résister au plaisir de reproduire quelques lignes des appréciations que ce voyageur, projeté dans le futur, portait sur le

[132] Polanyi, K. (1944).

[133] Titre original : Loocking Backward, from 2000 to 1887.

modèle économico-socio-culturel de son époque. Julian West était ainsi amené à expliquer à ses hôtes de l'an 2000 l'organisation socio-économique prévalant en Amérique à la fin du XIXème siècle, comme d'ailleurs un voyageur de la même époque aurait pu le faire à un groupe de Peuls qui auraient été certainement abasourdis qu'une telle société ait pu voir le jour : « Pour faire vivre les siens, il n'y avait pas à hésiter : l'homme devait plonger dans la lutte impure, il fallait tromper, supplanter, frauder, acheter à bas prix et vendre le plus cher possible, ruiner le commerce du voisin qui n'avait pas d'autre gagne-pain pour sa famille, il fallait exploiter ses ouvriers, pressurer ses débiteurs, cajoler ses créanciers. On avait beau chercher et pleurer, il n'y avait pas d'autre moyen pour gagner son pain et celui des siens que de prendre la place de quelque concurrent plus faible et de lui arracher le pain de la bouche… Les meilleurs de ces temps-là étaient sincèrement convaincus que les seuls éléments stables de la nature humaine, les seuls sur lesquels on pût fonder un système social, étaient précisément les penchants les plus pervers. On leur avait enseigné (et ils croyaient) que la rapacité et l'égoïsme étaient le ciment nécessaire de l'humanité, que toutes les associations humaines s'écrouleraient le jour où l'on essaierait de réprimer ou d'émousser ces sentiments. En somme, **ils croyaient que c'était le principe antisocial de l'homme qui constituait la force cohésive de la société** »[134].

Et de ce système, issu de la Révolution industrielle avec son cortège de bienfaits, il résultait pour la majorité une pauvreté dont Julian West donne au Dr Leete, son hôte de l'an 2000, la définition correspondant aux réalités de son époque : « pour le corps, la faim et la soif, les tourments de la chaleur et du froid ; dans la maladie, l'abandon ; pendant la santé, le labeur incessant ; pour la nature morale : l'oppression, le mépris, l'endurance de tous les outrages, les contacts grossiers dès l'enfance, la perte de toute innocence enfantine, de toute grâce féminine et de toute dignité virile, enfin, pour l'esprit, la mort par l'ignorance, la torpeur de toutes les facultés qui nous distinguent de la brute, la réduction de la vie à un cercle monotone de

---

134 Bellamy, E. (1888).

fonctions physiques. Ah mes amis ! Si l'on ne vous offrait que le choix entre une condition pareille et le succès dans la course à l'argent, est-ce que vous tarderiez beaucoup à retomber au niveau moral de vos ancêtres ? » Face à cette réussite économique, la réponse du Peul du Fouta, si tant est qu'on lui eût laissé le loisir d'y répondre, aurait été très certainement de se préserver par tous les moyens d'un tel modèle de « développement » brutal et antisocial qui enseigne à « considérer ses semblables comme des proies naturelles et à trouver son profit dans la perte d'autrui en se prévalant de sa supériorité physique ou intellectuelle pour dépouiller ses concitoyens »[135].

Dans sa première phase, l'aide au développement a eu pour principal objectif de détruire les systèmes socio-économiques vernaculaires préexistants qui ne produisaient pas de valeur ajoutée marchande et s'avéraient donc d'autant plus « inutiles » à l'économie mondiale que, ne produisant pas pour le marché, ils ne consommaient pas non plus. Homéostatiques par essence, ayant fait la preuve de leur durabilité malgré les fortes contraintes de leur environnement naturel, ce n'était que par leur déstabilisation qu'il devenait envisageable de les contraindre à intégrer l'économie marchande et donc à devenir dépendants. C'est là toute l'histoire de la « mise en valeur » coloniale qui a conduit un pays comme le Sénégal, précédemment autosuffisant, à devenir exportateur d'arachide et importateur de riz. Comme le rappelait G. Hardy en 1921 dans son étude sur *La mise en valeur du Sénégal de 1817 à 1854* : « à ces pays neufs qui vont subir notre influence, nous demanderons autre chose que les produits dont s'accommode si volontairement la nonchalance des indigènes »[136]. Chaque terme est ici révélateur : ces pays vont « subir » une influence visant à les dégager de leur « nonchalance ». C'est l'obligation qui sera désormais faite aux paysans de payer l'impôt en monnaie qui les contraindra à s'intégrer dans les échanges marchands, médiatisés par les traiteurs, et à produire des surplus commercialisables. Les législations de 1901 et 1905 sur la libération des esclaves en Afrique

135 Bellamy, E. (1888).
136 Hardy, G. (1921).

de l'ouest, apparemment inattaquables sur le plan moral, eurent des effets pervers insoupçonnés en ce sens qu'elles conduisirent à des mouvements de population et à une aliénation encore plus forte des esclaves libérés qui, pour survivre, se retrouvèrent dans l'obligation de contracter avec leurs anciens maîtres dans des conditions d'exploitation bien pires que celles prévalant précédemment. Un rapport de l'administration coloniale daté de 1911 faisait ainsi le constat que « on aboutit, dans le Fuuta Djalon, à ce résultat paradoxal de transformer les captifs de case des Foula en libres métayers payant des redevances quatre à cinq fois plus fortes, à la grande joie des maîtres dépossédés... il n'y a pas le moins du monde de répugnance de la part des anciens chefs féodaux à reconnaître à leurs anciens serfs agraires la capacité de contracter »[137]. Octroi de nouvelles capacités de contracter, de vendre le travail ou ses produits, de marchandiser le capital et de dégager des plus-values : sous l'habillage de la raison morale, le système était désormais lancé qui allait permettre à certains d'engranger de nouveaux bénéfices et à d'autres de devoir, pour les décennies à venir, se tourner vers la bienfaisance internationale pour pouvoir survivre.

C'est ainsi ***l'aide au développement destructrice***, par les dégâts qu'elle a causés sur les structures socio-économiques traditionnelles et la déstabilisation des systèmes antérieurs, qui a abouti à justifier ***l'aide au développement réparatrice*** et légitimer la pérennisation et la croissance du business désormais multiforme de l'aide au développement et de l'action humanitaire.

À l'heure actuelle, l'aliénation est devenue totale avec le développement et la généralisation de l'action humanitaire qui a gangrené les sociétés et les cultures autochtones en réussissant à les convaincre de leurs prétendues insuffisances et de la réalité ontologique de ce nouveau sentiment de mal-être et de déclassement qui leur a été imposé. Les Peuls du Fouta Toro, victimes de l'action de l'homme occidental, que certains n'ont pas hésité à qualifier de « syphilisatrice », sont désormais clochardisés et

---

[137] Suret-Canale, J . (1964).

réduits, pour leur survie, à accepter l'action humanitaire qui fait que, sans aucune vergogne, des adolescents citadins du Nord tout juste issus de l'université se retrouvent, par leur simple statut d'occidental développé, investis de l'autorité leur permettant de donner des leçons de vie à des populations plusieurs fois millénaires et qui, jusqu'alors, s'étaient parfaitement passées de leur compassion et de leur arrogance pour agir en harmonie parfaite avec un environnement qu'elles avaient su depuis toujours préserver et utiliser en fonction de leurs besoins. On n'oubliera pas que la grande sécheresse qui a sévi au Sahel au début des années 70 et a mobilisé les médias occidentaux et marqué le début du fléau humanitaire, a frappé des sociétés déjà en voie de déstructuration en raison des premiers effets de l'aide au développement et de la « coopération internationale ». Des sociétés en crise qui avaient perdu l'essentiel de leurs capacités de résilience.

Désormais généralisée, cette action humanitaire est devenue d'autant plus perverse que, prenant toutes les formes, elle est à présent à même de s'insinuer partout, y compris sous ses formes les plus improbables : tourisme humanitaire, distribution de dons dans le cadre de rallyes automobiles afin de les habiller d'une certaine dose de « responsabilité » et d'altruisme. Nous y reviendrons plus loin.

L'aide au développement,
Le business de l'humanitaire

L'aide aux « démunis » : altruisme ou égocentrisme ?

« Le mouvement de la charité a Dieu pour fin, le prochain comme chemin »[138].
Saint Bonaventure

Pour la culture humaniste occidentale, l'aide aux démunis ne se discute pas, pas plus que son dernier avatar, le devoir d'ingérence humanitaire qui conduit à considérer comme non seulement autorisée mais même moralement impérative l'intrusion dans la vie des peuples dits « sous-développés »[139] et la prise en charge, à leur place, de leur devenir. Sans que l'on s'interroge, tellement l'évidence semble manifeste, ceci est généralement présenté comme une nécessité ontologique dont on peut trouver la justification dans les écrits les plus anciens. La religion catholique fait ainsi de la charité - *caritas*, l'amour de Dieu et de son prochain - une de ses obligations premières (Nouveau Testament). Une charité présentée comme l'amour désintéressé de son prochain. Mais ce désintéressement est-il aussi certain ?

En fait, l'intérêt égoïste que peut trouver l'homme à faire du bien à son prochain n'est pas étranger à la charité, bien au contraire. Giovanni da Finanza, plus connu sous le nom de saint Bonaventure, écrivait ainsi au XIIIème siècle, dans ses Sentences, que « le mouvement de la charité a Dieu pour fin, le prochain comme chemin ». Nombreux sont ceux qui se sont élevés contre le fait de voir dans cet énoncé sur la charité une instrumentalisation du pauvre comme chemin de sa propre rédemption, Thomas d'Aquin par exemple, et l'on comprend aisément leur malaise. Cependant, cette instrumentalisation du

---

[138] Saint Bonaventure, Sentences, livre III, cité par Canto-Sperber M., tome 1, p.285

[139] Bien sûr, le politiquement correct impose de ne plus dire « sous-développés » mais « en voie de développement » ou bien « moins avancés ». Ce qui ne change rien au fond.

pauvre demeure et sera souvent exprimée encore plus explicitement, par exemple dans ce passage tiré de la *Vie de saint Eloi rédigée par saint Ouen*, évêque de Rouen, en 1851 : « abandonnez vous exclusivement à la miséricorde de Dieu, et donnez aux pauvres une partie de ce que vous possédez… Le royaume du ciel s'acquiert donc au moyen de la plus petite pièce d'argent : on donne un peu de métal et on obtient en échange la vie éternelle »[140]. La charité, ou l'aide au développement, trouve ainsi sa justification utilitariste dans le bien que l'on se fait indirectement à soi-même, ne serait-ce que, déjà ici-bas, pour sa propre bonne conscience. Il paraît en effet difficile de remettre en question ce qui relève pour beaucoup d'une évidence, que l'amour de soi prime sur l'amour de l'autre, les deux pouvant se rejoindre de manière très efficace par la pratique de la charité ou de l'assistance sous ses différentes formes. Une charité qui peut se décrypter de différentes manières, par exemple comme une aliénation du récipiendaire, comme l'illustre ce passage tiré du *Voyage de monsieur Bergeret à Paris* d'Anatole France :

« Le long des voies, les mendiants, dressés comme des candélabres ou étalés comme des reposoirs faisaient l'ornement de cette fête sociale. (…) L'un deux suivant depuis assez longtemps M. Bergeret en clochant du pied, et toutefois d'un pied léger. Puis, il s'arrêta et se remit en lampadaire au bord du trottoir. Après quoi M. Bergeret dit à sa fille :

- Je viens de commettre une mauvaise action : je viens de faire l'aumône. En donnant deux sous à Clopinel, j'ai goûté la joie honteuse d'humilier mon semblable, **j'ai consenti le pacte odieux qui assure au fort sa puissance et au faible sa faiblesse, j'ai scellé de mon sceau l'antique iniquité, j'ai contribué à ce que cet homme n'eût qu'une moitié d'âme**.

- Tu as fait tout cela ? demande Pauline incrédule.

- Presque tout cela, répondit M. Bergeret. J'ai vendu à mon frère Clopinel de la fraternité à faux poids. Je me suis humilié en l'humiliant car l'aumône avilit également celui qui la fait. J'ai mal agi.

- Je ne crois pas dit Pauline.

---

[140] Saint Ouen (1851).

- Tu ne le crois pas, répondit M. Bergeret parce que tu n'as pas de philosophie et que tu ne sais pas tirer d'une action innocente les conséquences infinies qu'elle porte en elle. Ce Clopinel m'a induit en aumône. Je n'ai pu résister à l'importunité de sa voix de complainte. J'ai plaint son maigre cou sans linge, ses genoux, que le pantalon, tendu par un trop long usage, rend tristement pareils aux genoux d'un chameau, ses pieds au bout desquels les souliers vont le bec ouvert comme un couple de canard. Séducteur ! O dangereux Clopinel ! Clopinel délicieux. Par toi, mon sou produit un peu de bassesse, un peu de honte. Par toi, j'ai constitué avec un sou une parcelle de mal et de laideur. En te communiquant ce petit signe de la richesse et de la puissance je t'ai fait capitaliste avec ironie et convié sans honneur au banquet de la société, aux fêtes de la civilisation. Et aussitôt j'ai senti que j'étais un puissant de ce monde, au regard de toi, un riche près de toi, doux Clopinel, mendigot exquis, flatteur ! Je me suis réjoui, je me suis enorgueilli, je me suis complu dans mon opulence et ma grandeur (...) Exécrable pratique de l'aumône ! Pitié barbare de l'élémosyne ! Antique erreur du bourgeois qui donne un sou et qui pense faire le bien, et qui se croit quitte envers tous ses frères, par le plus misérable, le plus gauche, le plus ridicule, le plus sot, le plus pauvre de tous les actes de tous ceux qui peuvent être accomplis en vue d'une meilleure répartition de la richesse. Cette coutume de faire l'aumône est contraire à la bienfaisance et en horreur à la charité. »[141].

Il est intéressant de noter que l'on retrouve dans le Coran des justifications du même ordre à ce besoin de « faire le bien ». La *Zakât* (aumône), le second pilier du culte après la *Salât* (prière), est le premier des droits et devoirs de l'homme, c'est elle qui doit garantir la justice et la cohérence sociale. La manifestation de la vraie piété est le fait d'« offrir, par amour d'Allah, son bien aux proches, aux orphelins, aux indigents, aux enfants des chemins, à ceux qui demandent assistance... ceux là[142] sont

---

[141] France, A. (1941).

[142] Ceux qui accordent la *Zakât*, ndla.

vraiment les véridiques et ceux-là sont vraiment les pieux ! »[143]. « Ceux qui graviront cette Voie Ascendante sont les Gens de la Droiture qui iront au Paradis contrairement aux Gens du Néfaste sur lesquels le feu se refermera »[144]. On notera que la *Zakât* ne s'adresse pas seulement aux pauvres et nécessiteux, mais aussi à « ceux dont les cœurs sont à rallier »[145]. On pourrait trouver ici la préfiguration des motivations mercantiles modernes conduisant à instrumentaliser la charité pour son plus grand profit personnel. Celles par exemple, et nous y reviendrons plus en détail dans la partie que nous consacrons à cet exemple, des opérateurs touristiques au Sud versant dans le « responsable » afin de mieux protéger et pérenniser leurs activités en maquillant leurs intérêts marchands de moralité et d'altruisme. Celles des organisateurs de raids automobiles en Afrique greffant un volet « humanitaire » sur des pratiques très éloignées de l'intérêt de l'Autre, les autochtones, si ce n'est pour se faire autoriser l'accès à des terrains de jeux désormais interdits en raison de leurs nuisances dans les pays du Nord : en quelque sorte l'acquittement d'un « droit de polluer ». Une générosité de théâtre, largement médiatisée, un travestissement articulé sur la logique purement marchande de la maximisation du gain. La *Zakât* islamique, comme l'aumône chrétienne, purifient les actes et les biens et permet de les faire fructifier en toute quiétude morale. Le tourisme devient « responsable », voire même « humanitaire » dans sa déclinaison la plus récente, et donc, ipso facto, intouchable. Une légitimation d'autant plus opportune que le Coran, pour reprendre cet exemple, confie la charge de l'assistance à tous ceux qui sont capables de l'assumer, justifiant ainsi toute cette nébuleuse moderne de l'assistanat institutionnalisé regroupée sous le vocable générique d'Organisations Non Gouvernementales (ONG), nébuleuse concourant à l'aliénation généralisée par la normalisation et la marchandisation mondialisée.

---

143 Coran, sourate 2, verset 177, traduction de Mohamed Talbi.

144 Coran, sourate 90 sur La Ville *Al Balad*, traduction de Mohamed Talbi.

145 Coran, sourate 9, verset 60, traduction de Mohamed Talbi.

Au-delà de la composante religieuse, les ressorts de l'action caritative au XXIème siècle ne sont pas très différents de ceux qui prévalaient à La Mecque au début du VIIème ou en Occident : un petit sacrifice travesti en compassion pour conserver la liberté de continuer à faire ses propres affaires et accumuler de grands profits. Le calife Umar Ier (634-644) a ainsi été montré « de nuit, haletant sous le poids d'un sac de farine, courant au secours d'une marmaille qui pleurait de faim autour d'une marmite où bouillaient des cailloux », une mise en scène relevant du théâtre publicitaire selon Mohamed Talbi[146]. Un théâtre publicitaire que l'on retrouvera, presque un millénaire et demi plus tard, dans une scène identiquement interprétée par Bernard Kouchner débarquant sur la plage de Mogadiscio le 5 décembre 1992, un sac de riz sur l'épaule, devant un aréopage de journalistes convoqués pour l'occasion par celui qui était alors Ministre de la Santé dans le gouvernement de Pierre Bérégovoy. Une mise en scène théâtrale qui contribuera largement à sa notoriété tout en alimentant cependant les controverses tant la manœuvre était grossière et naïve.

Etudiée par Mohamed Talbi, agrégé d'arabe et membre fondateur de l'Université de Tunis, l'histoire de la *Zakât* depuis les origines a montré que finalement, contrairement aux prescriptions coraniques, celle-ci a surtout « servi pour pressurer les pauvres, quelquefois avec les moyens les plus ignobles, et pour rendre les riches encore plus riches ; et les pauvres encore plus pauvres. »[147]. Une *Zakât* dont il voit, non dans ses fondamentaux mais dans l'usage dévoyé qui en a été fait par la charia, qu'elle s'est avérée être en fait un « instrument d'injustice sociale » au profit des « nababs qui tirent les ficelles » en leur permettant de « duper Allah et de gagner sur les deux tableaux : paradis sur terre et paradis dans l'au-delà »[148]. Une appréciation que l'on pourrait, sans aucune modification, appliquer de la même manière aux valeurs ayant prévalu, et prévalant toujours, dans le monde marchand judéo-chrétien.

---

146 Talbi, M. (2011).
147 Talbi, M. (2011).
148 Talbi, M. (2011).

Il est donc non seulement universellement moral, au sens de l'impératif catégorique kantien, mais également intéressant pour son propre intérêt de pratiquer la charité car, motivation supplémentaire s'il en était besoin, « l'aumône délivre de la mort ». Et ce avec d'autant plus de tranquillité d'esprit que, justification ultime, « Dieu aurait pu rendre tous les hommes riches ; mais il a voulu qu'il y ait des pauvres en ce monde, pour fournir à ceux qui possèdent davantage l'occasion de racheter leurs péchés »[149]. On découvre ainsi que les pauvres ont finalement une utilité, et les sous-développés également, celle de permettre aux riches de faire action morale et de gagner le paradis. « Comme l'eau éteint le feu, l'aumône éteint le péché... Versez votre aumône dans le sein du pauvre et elle vous délivrera de tout mal »[150], ces paroles de l'Ecclésiaste, qui valent caution morale, justifient à elles seules l'aide au développement : l'obtention, par cet acte purificateur, du pardon pour les péchés commis par les destructeurs du monde : « donnez l'aumône et tout sera pur »[151].

La morale s'inscrit ici clairement dans une véritable « économie du salut », pour reprendre le terme utilisé par Bronislaw Geremek[152], qui fait que le donateur tire bénéfice de son action apparemment désintéressée. Jacques Necker, banquier et Ministre d'État, dans son Cours de Morale Religieuse publié pour la première fois en 1800[153], allait au-delà en décelant dans la sollicitude du Christ lui-même à l'égard des plus humbles des motivations politiques visant au maintien de l'ordre et de la paix sociale « dans une vaste réunion de pauvres et de riches ». Si l'on considère à présent cette « réunion de pauvres et de riches » s'appliquant à des pays et non plus à des individus, on trouvera dans ce texte de Necker l'analyse prémonitoire des arguments utilisés par le Président Truman pour justifier l'aide internationale aux pays sous-développés dans son discours de

149 Saint Ouen (1851).

150 Ecclésiaste, III.

151 Luc, XI.

152 Geremek, B. (2002).

153 Necker, J. (1821).

1949. Cette notion de l'utilité des pauvres, qu'il s'agisse d'individus ou de pays, apparaît a priori paradoxale, d'autant plus que, tout au long de l'histoire, ceux-ci ont souvent été qualifiés de parasites comme nous le rappelait précédemment Bronislaw Geremek lorsqu'il faisait état d'un document médiéval donnant comme raison de la mise à mort d'un pauvre son inutilité pour le monde[154]. Elle est pourtant fondamentale car c'est elle qui justifie toute l'aide au développement, le droit et le devoir d'ingérence, l'action humanitaire. Le pauvre est utile car son existence justifie celle du riche qui achète son salut en l'aidant, mais aussi trouve dans son existence un « marché » juteux, celui de l'aide aux pauvres et au développement.

Il est ici particulièrement illustratif de mettre en parallèle deux assertions de la Banque Mondiale. D'une part celle énonçant que la pauvreté dans les pays en développement est « un fait affligeant et infamant, en d'autres termes immoral »[155], d'autre part le rappel que « la raison d'être de la Banque Mondiale est d'aider les pays clients à réduire la pauvreté »[156]. C'est donc bien la pauvreté, instrumentalisée par une morale aveugle d'autant plus difficile à discuter que ses racines sont profondes, qui justifie l'existence même de ces institutions dédiées, la Banque Mondiale n'étant qu'un exemple parmi d'autres. Et l'on constate que la longue litanie des échecs successifs des politiques de lutte contre la pauvreté ne fait finalement qu'entretenir et même conforter le fonds de commerce, hautement lucratif, de ces institutions internationales que Gilbert Rist qualifiait en 1980 de « multinationales du développement »[157]. On pourrait, ici encore, reprendre les propos de bon sens du Dr Leete, l'hôte en l'an 2000 de Julian West dans le roman d'Edward Bellamy, s'étonnant que « vos contemporains, qui paraissent avoir été si fins sous tant d'autres rapports, aient pu se résoudre à confier l'approvisionnement de la nation à une classe de gens qui avait

[154] Geremek, B. (2002).
[155] Banque Mondiale (1990).
[156] Banque Mondiale (1998).
[157] Rist, G. (1980).

tout intérêt à l'affamer »[158]. Ce que l'on pourrait transcrire, pour le sujet qui nous intéresse ici, sous la forme « ...aient pu se résoudre à confier la lutte contre la pauvreté (ou contre le sous-développement) aux institutions et experts qui ont tout intérêt à sa perpétuation ». La réponse est simple, et elle est économique : le multiplicateur d'emplois (et de revenus) du marché de la pauvreté est considérable. Les institutions internationales, par le marché qu'elles génèrent en formulant de nouveaux paradigmes de lutte contre la pauvreté ou pour le développement, rendent légitimes et entraînent à leur suite une multitude de petits opérateurs (ONG, institutions nationales, bilatérales ou internationales, organisation de coopérations décentralisées, etc.) et d'auto-entrepreneurs du développement et de l'humanitaire qui viendront nourrir à leur tour le marché de l'emploi et donc créer de nouvelles « richesses » : une valeur ajoutée additionnelle qui contribuera ainsi au « mieux-être » de l'humanité tout entière. Le tout sous le couvert d'un impératif moral aussi factice qu'impossible à discuter sauf à passer pour un réactionnaire égoïste indifférent aux supposés malheurs de ces populations marginalisées.

S'agissant finalement plus de business que de morale, le niveau de rémunération des personnels experts de ces organisations, scandaleusement disproportionné par rapport aux niveaux de vie des pays aidés, experts dont le salaire pour une journée de travail peut représenter plus que le budget annuel d'une famille de paysans du Sahel, n'étonne pas. Ce sont bien des privilégiés qui se targuent d'aider des pauvres dont on se demande bien comment ils peuvent les comprendre et proposer des solutions à leurs difficultés qui soient autre chose que des discours déconnectés des réalités et des rapports à usage institutionnel interne et promotionnel. Mais là n'est certainement pas l'enjeu véritable et le système démontre que c'est au contraire le manque de résultats qui contribue à le pérenniser, voire même à le développer. Le business de la lutte contre la pauvreté et de l'aide au développement se coopte, se congratule et se vend, fort bien d'ailleurs, pour finalement se nourrir de ses échecs ; ce

---

158 Bellamy, E. (1888).

que Wolfgang Sachs dénonçait en déclarant que « **l'industrie du développement devient automotrice** ».

L'altruisme et le souci des autres, si souvent revendiqués comme mobiles de leurs actions par les anciens et les nouveaux humanitaires et développeurs, n'auraient donc que peu à faire avec leurs motivations réelles et relèverait plutôt de l'autosatisfaction, du besoin de se créer une identité socialement positive, voire du marketing, d'où il appert, comme l'analysait avec clairvoyance Jean Rostand, que « **l'altruisme n'est souvent qu'un alibi** ». Une des manifestations les plus caricaturales de cette propension est la mode adoptée depuis quelques années par une proportion toujours croissante d'opérateurs touristiques de greffer un volet « humanitaire » sur leur activité afin de pouvoir continuer à bouleverser en toute quiétude morale (et médiatique…) des territoires ne leur appartenant pas et sur lesquels ils effectuent de véritables prélèvements miniers. Il apparaît désormais illusoire que les dernières des populations encore autonomes puissent espérer échapper à la cupidité compassionnelle occidentale. Toutes seront appropriées un jour ou l'autre par des opérateurs quelconques du « développement », acharnés à se poser en vecteurs humanitaires et autosatisfaits du mal vivre occidental, marchand et matérialiste.

Blaise Pascal dans ses Pensées avait bien défini cette inversion : « Plaindre les malheureux n'est pas contre la concupiscence ; au contraire, on est bien aise de se pouvoir rendre ce témoignage d'humanité et de s'attirer la réputation de tendresse, sans qu'il en coûte rien. Ainsi ce n'est pas grand-chose. »[159].

Le survol rapide que nous venons de faire des cadres moraux et des contextes idéologiques ayant permis l'émergence de ce business de l'aide internationale aurait pu être amplement développé par l'analyse détaillée des discours produits depuis l'ère coloniale. Pour rester dans le cadre limité de cet ouvrage, il nous a paru plus intéressant de traiter de la période récente en prenant pour exemple la façon dont cette combinatoire com-

[159] Pascal, B. (1835).

plexe entre motivations altruistes et égoïstes peut-être également décryptée dans le monde de l'entreprise sous l'avatar d'une « responsabilité sociale des entreprises » qui, au-delà de la connotation éthique de l'énoncé, n'est qu'une nouvelle technique managériale ayant pour seul objectif de légitimer l'entreprise dans son environnement et de renforcer, par un habillage moral de ses activités, ses bénéfices potentiels. Sur cette base, nous rétablirons ensuite un lien plus direct avec notre problématique en décryptant ce que recouvrent les pratiques dites « responsables » ou « humanitaires » des opérateurs du tourisme au Sud : un exemple particulièrement significatif en ce qu'il intéresse directement tous les candidats au tourisme au Sud, et plus particulièrement ceux désireux de se débarrasser d'une image de « touristes » pour accéder à une identité beaucoup plus valorisante d'« humanitaires ».

La responsabilité sociale des entreprises : charité bien ordonnée

L'idée suivant laquelle la responsabilité des entreprises ne se limiterait pas seulement à assurer leur propre survie en faisant des profits mais devrait aussi être étendue à leur responsabilité au sein de la société est ancienne. Il faudra cependant attendre les années qui ont suivi la seconde guerre mondiale pour que cette responsabilité commence à être formalisée et analysée sur le plan académique à travers l'émergence du concept de Responsabilité Sociale des Entreprises, mieux connu sous son acronyme anglo-saxon de CSR (*Corporate Social Responsibility*).

Dans l'immédiat après-guerre, marqué par les débuts d'une guerre froide opposant capitalisme et communisme, il est vite apparu nécessaire aux économistes libéraux de défendre les intérêts du libre marché en « humanisant » ses pratiques et en rappelant aux chefs d'entreprise les responsabilités qui leur incombaient vis-à-vis de la société dans son ensemble[160]. Il convenait alors de démontrer que le système capitaliste libéral pouvait être aussi moral, et soucieux des intérêts de la société dans son ensemble, que son concurrent de l'Est. C'est la nécessité de cet engagement des managers dans une véritable responsabilité sociale que commença à développer, dès 1949, Donald David à la Harvard Graduate School of Business Administration. Une émergence qui sera confirmée par la publication, en 1953, de l'ouvrage de Howard Bowen *Social Responsibilities of the Businessman*, érigeant ainsi ce concept comme objet scientifique de recherche. Cette nouvelle approche sera plus tard remise en question par l'économiste conservateur Milton Friedman, économiste ultralibéral fondateur de l'école de Chicago, qui considérait que la seule responsabilité de l'entreprise était de créer de la valeur et qu'elle devait laisser à d'autres le souci de la responsabilité sociale[161].

---

160 Spector, B. (2008).

161 Friedman, M. (1970).

En fait, et au-delà de l'altruisme des premières apparences, la motivation utilitariste de l'intérêt de l'entreprise était bien présente dans ce nouveau paradigme du comportement des entrepreneurs. Ainsi, un des arguments avancés était que, en s'autorégulant par l'intégration volontaire de la CSR, les managers diminuaient ainsi les risques de se voir imposer, par le gouvernement, d'autres formes de régulation qui auraient pu être beaucoup plus contraignantes et moins conformes à leurs intérêts. D'autres avantages étaient également explicitement attendus de l'engagement des firmes dans des démarches de responsabilité sociale : amélioration de leur image auprès du public et de leurs partenaires, amélioration de leurs capacités à retenir les meilleurs employés, etc.[162]. Dès les origines, le souci égoïste de la préservation des intérêts de l'entreprise était donc déjà bien présent, et même certainement prévalant sur l'argument suivant lequel celle-ci avait également des engagements moraux vis-à-vis de la société civile.

Durant les cinq décennies passées, les débats ont été nombreux autour de la question de l'intérêt que pouvait représenter pour l'entreprise le fait de se lancer dans une démarche de responsabilité sociale. Dans une lecture assez largement idéalisée, la responsabilité sociale de l'entreprise peut-être vue comme étant « l'obligation pour l'entreprise d'utiliser ses ressources pour contribuer au bien-être de la société dans son ensemble »[163]. La portée de cette assertion doit cependant être considérablement tempérée car, comme le rappelle Anne Murphy, une entreprise ne peut réussir comme entité réformatrice si elle échoue en tant qu'entreprise[164]. En d'autres termes, si l'entreprise a pu survivre à l'introduction de la CSR, c'est bien qu'il y aurait compatibilité entre ses objectifs, marchands ou commerciaux, et la prise en considération de sa responsabilité sociale.

---

162 Whetten, D. A. ; Rands, G. ; Godfrey, P. (2006).

163 Kok, T. ; Van der Wiele, T. ; McKenna, R. ; Brown, A. (2001).

164 Murphy, A. (1994).

Deux théories s'affrontent concernant la gouvernance des entreprises. La théorie dite *shareholders* (théorie des actionnaires), largement répandue dans le monde anglo-saxon, considère que la seule raison d'être de l'entreprise est sa propre survie et la recherche de la maximisation des bénéfices de son activité au profit de ses actionnaires. C'est tout, et la responsabilité de l'entreprise ne saurait être engagée au-delà. C'est dans ce contexte que se comprend parfaitement le saccage du pays Ogoni dans le delta du fleuve Niger par les compagnies pétrolières. Celui des rapports entre développés et sous-développés, entre institutions et entreprises dominantes et populations vernaculaires dominées : respecter l'environnement aurait constitué un coût additionnel pour les actionnaires… Cependant, face aux excès commis et à la montée en puissance des opinions publiques, l'économiste Milton Friedman, lui-même adepte de la théorie *shareholder*, a dû convenir que l'introduction d'une dose de comportement socialement responsable pouvait être finalement directement « rentable » pour l'entreprise elle-même. En d'autres termes, que certains efforts devaient être consentis pour habiller de considérations morales les actions les plus profitables afin de les rendre acceptables par l'opinion publique. Cette prise de position confirmait ainsi la validité de l'approche dite *stakeholder* (théorie des parties prenantes) formulée par R. Edward Freeman, basée sur une responsabilité élargie des entreprises à l'égard de l'ensemble des parties prenantes, à savoir non seulement ses actionnaires mais aussi ses employés, ses clients, ses fournisseurs et, plus généralement, à tous ceux qui, de près ou de loin, influencent ou subissent son activité.

Malgré la différence affichée dans les formulations, on doit cependant constater que les objectifs fondamentaux sont les mêmes dans les deux paradigmes : l'intérêt de l'entreprise. Ainsi, si Freeman souhaite que l'entreprise ne considère pas le bénéfice des actionnaires comme seul moteur de son activité, il reconnaît cependant que les relations avec les autres parties prenantes de la société constituent une composante critique de son succès[165] et que la recherche de la convergence des intérêts

---

165 « Whereas all these firms value their shareholders and profitability, none of them make profitability the fundamental driver of what

était finalement le meilleur moyen de la réussite de l'entreprise. Un constat déjà fait quelque vingt années auparavant lorsqu'il considérait que si les managers ne prenaient pas en considération les besoins de l'ensemble des parties prenantes, ils ne pourraient pas formuler, pour leur entreprise, des objectifs susceptibles d'assurer sa survie[166].

Finalement, l'ensemble des débats converge vers la conclusion que, au-delà des premières apparences, et de manière quasi contre-intuitive, l'introduction de la responsabilité sociale dans les pratiques des entreprises n'était pas aussi purement altruiste qu'il aurait pu y paraître en première lecture. On a ainsi assisté, progressivement, à une évolution d'une *Responsabilité Sociale Préservatrice*[167] des entreprises visant à minimiser les risques de comportements socialement irresponsables vers une *Responsabilité Sociale Stratégique*[168] visant à maximiser les gains attendus de comportements affichés comme socialement responsables. La nuance est importante et parle d'elle-même : il est désormais admis que la Responsabilité Sociale (CSR) peut être source de valeur ajoutée pour les entreprises, confirmant ainsi, si besoin était, la validité du paradigme des parties prenantes (*stakeholder*) de Freeman. Certains auteurs iront même plus loin, par une analogie naturaliste, en considérant que l'entreprise est encapsulée dans un système symbiotique répondant à des règles de fonctionnement « naturelles » et physiques déterminant à la fois son existence et sa survie : « Un tel système écologique (ou écosystème), consiste en une interconnexion entre des 'organismes' vivants aux frontières poreuses, ce qui suggère que leur existence immédiate comme leur survie à long terme sont intimement liées à celles des autres »[169].

---

they do ». Cependant, « these firms also see the import of values and relationships with stakeholders as a critical part of their ongoing success. » Freeman, R. E. ; Wicks A. C. ; Parmar B. (2004).

[166] Freeman, R. E. (1984).

[167] *Responsible Corporate Social Responsibility.*

[168] *Strategic Corporate Social Responsibility.*

[169] Hill, R. P. ; Cassill, D. L. (2004).

Pour reprendre l'analogie du développement, dans la formulation qu'ils proposent de ce qu'ils nomment la *Skew Selection Theory*, Hill et Cassil visent ainsi à démontrer que l'intégration par les entreprises de pratiques dites « philanthropiques » dans leurs stratégies sert en fait directement leurs intérêts propres. Malgré les apparences, l'entreprise demeure ainsi fondamentalement cupide (*greedy*), le partage n'étant pas un sacrifice altruiste mais au contraire une stratégie de survie[170]. Traduit en termes économiques, ceci signifie tout simplement que c'est la régulation par le marché qui finalement impose à l'entreprise de développer ses capacités à intégrer sa « responsabilité globale » comme l'un des déterminants fondamentaux de sa réussite (Dalla Costa, 1998). L'entreprise peut ainsi se construire une identité forte et valorisante qui constituera pour elle un avantage compétitif qui sera d'autant plus déterminant que le marché sera fortement concurrentiel. Le business de l'aide au développement répond aux mêmes règles, tant pour les pays que pour les organisations internationales.

Nous en arrivons là à des considérations fort éloignées d'un modèle moral de comportement qui serait non utilitariste et dans lequel l'action morale porterait en elle seule sa propre justification, indépendamment de toute attente d'un quelconque retour sur investissement. Un constat qui permet, au passage, de dénouer la critique de Milton Friedman puisque si, finalement, un tel choix s'avère ainsi « bon pour l'entreprise », et donc managérialement justifié, il n'est plus nécessaire de débattre de ses caractéristiques morales ou responsables, caractéristiques qui, pour cet économiste et dans son optique strictement articulée autour de l'intérêt primordial des actionnaires (théorie *shareholders*), doivent demeurer hors du champ de l'évaluation.

---

170 « To prevent death by rebellion or predation, the greedy may share a portion of their resources. Therefore, the sharing of resources may be viewed as an investment of group capital to enhance individual survival ». Cependant, leur conclusion est la suivante « according to skew selection, **sharing is not altruistic self-sacrifice; to the contrary, sharing is a survival-driven strategy.** » Hill, R. P. ; Cassill, D. L. (2004).

Certains auteurs ont d'ailleurs poussé plus loin la justification de l'intégration de la composante « morale » au sein de la stratégie de l'entreprise en affirmant que « collaborer avec » les parties prenantes (*stakeholders*) plutôt que les « manager » relèverait en fait, compte tenu des intérêts en jeu, d'une approche managériale parfaitement rationnelle. Ce qui amène à la conclusion que, finalement, la qualité de la relation établie avec l'ensemble des partenaires ne serait qu'une des multiples dimensions de la qualité du management[171].

On pourra conclure en citant, une fois de plus, R. E. Freeman qui considère qu'éthique et business sont si intimement déconnectés que parler d'éthique des affaires (*business ethics*) relèverait de l'oxymore : « Le challenge de la pratique éthique du business ou du développement de pratiques morales du business est un travail de Sisyphe car parler d'éthique du business est, par définition, un oxymore »[172]. Ce qui amènera certains auteurs à conclure que, face aux scandales et aux crises du début des années 2000, il valait mieux sortir de l'ambiguïté et reconnaître que la rationalité de l'entreprise était bien de maximiser la création de valeur pour les actionnaires : « L'objectif premier de l'entreprise doit, sans ambiguïté, continuer à être celui de 'maximiser les revenus de ses actionnaires' »[173]. Un objectif qui s'avère d'autant plus facile à justifier par l'approche économiciste qu'elle considère que tout actionnaire (*shareholder*) est lui-même un partenaire (*stakeholder*) de la même manière, pour reprendre l'analogie utilisée par Freeman lui-même, que toute pomme est un fruit[174]. La préservation du bénéfice de l'actionnaire viendrait ainsi contribuer à celle du bénéfice de l'ensemble des autres parties prenantes ce qui serait donc favorable à la société tout entière, ce dont on peut douter lorsque l'on observe, pour ne reprendre que ce seul exemple, le comportement des sociétés pétrolières telles que Shell ou BP dans le delta du Niger. Il est fort peu probable que leurs action-

---

171 Litz, R. A. (1996).

172 Freeman, R. E. ; Wicks A. C. ; Parmar B. (2004).

173 Sundaram, A. ; Inkpen, A. (2004).

174 Freeman, R. E. ; Wicks A. C. ; Parmar B. (2004).

naires aient eu à pâtir, comme le peuple Ogoni, du comportement de leurs managements. Bien au contraire, le fait que ces compagnies aient pu déverser durant un demi-siècle, en quasi-totale impunité, l'équivalent de cinquante fois la marée noire de l'Exxon Valdez dans cet environnement naturel d'une exceptionnelle richesse ne semble pas relever de mauvaises pratiques managériales.

En effet on sait, depuis Talcott Parsons, que l'entreprise se définit avant tout par son but. Il en résulte donc une hiérarchie dans ses objectifs dès lors qu'ils sont multiples : elle n'est pas là pour « faire le bien », mais, avant tout, pour survivre en rémunérant ses propriétaires et son personnel. « Faire le bien » ou, à tout le moins, « ne pas faire le mal » ne peut donc être qu'un objectif secondaire, sauf si une telle option vient conforter sa mission première qui est de gagner de l'argent. En l'occurrence, si les parties prenantes (*stakeholders*) sont les clients de l'entreprise, les satisfaire satisfera également, par un effet purement mécanique, les actionnaires eux-mêmes (*shareholders*). Une des questions importantes est donc de définir quelles sont les parties prenantes qui seront privilégiées par le management. Dans l'exemple que nous venons de donner, les Ogoni n'interviennent que comme parasites d'un management efficace pour lequel, nous l'avons déjà dit, ce qui n'a pas de coût monétaire n'a pas de valeur…

Un exemple particulièrement intéressant de mise en application de la responsabilité sociale des entreprises et de son impact sur les sociétés traditionnelles nous est fourni par le développement considérable du tourisme au Sud, et en particulier du tourisme autodéclaré « responsable ». Au-delà de cette dénomination flatteuse il est particulièrement instructif, ce que nous ferons dans la partie suivante, d'analyser les discours produits par les opérateurs de cette nouvelle forme de tourisme (entreprises privées, ONG, associations) et de décrypter quelles en sont les motivations profondes et les bénéfices attendus. De ce point de vue, l'apport de la théorie est intéressant et il est clair que les premières parties prenantes prises en considération par les entreprises touristiques sont bien évidemment les touristes eux-mêmes. Même éthique, le business reste le business et satisfaire son client, le premier engagement managérial de l'entreprise. Or, toutes les recherches conduites sur le secteur du tourisme dans les pays du Sud montrent que les intérêts des différentes parties prenantes, visiteurs et visités, ne sont pas toujours convergents. Si les visiteurs paient, les visités, eux, doivent accepter d'être visités. Il va donc de l'intérêt de l'entreprise de traiter avec ces visités du Sud de façon à ce qu'ils puissent rester dans le jeu en ne mettant pas en danger ses activités ou, pire encore, ne viennent s'en attribuer les profits[175]. Ainsi, alors que le rapide survol de la littérature laisse entendre que l'intégration de la responsabilité sociale apparaît finalement moins altruiste ou philanthropique que vitale pour l'entreprise et relève tout simplement de bonnes pratiques managériales, l'objet que nous abordons ici, le tourisme des méridiens (Nord-Sud), l'un des plus prédateurs pour les sociétés dites « en voie de développement », confirme la validité de ces prémisses.

[175] «These conflicts must be resolved so that stakeholders do not exit the deal - or worse - use the political process to appropriate value for themselves or regulate the value created for others. » Freeman, R. E. ; Wicks A. C. ; Parmar B. (2004).

Le tourisme au Sud et la responsabilité sociale : le business sous couvert d'aide au développement

Pour les opérateurs du tourisme, les aménités touristiques des pays du Sud représentent un capital qui doit absolument être protégé pour être mis en valeur. Il n'y a là rien de philanthropique, mais simplement l'intérêt bien compris de l'entreprise elle-même. Un intérêt d'ailleurs explicitement mis en avant par Fiona Jefferies, présidente du *World Travel Market*, pour convaincre les 50.000 professionnels du secteur, représentant 202 pays, regroupés au sein du WTM lors de l'ouverture du premier *World Responsible Tourism Day*, le 14 novembre 2007. Elle mettait ainsi l'accent sur le fait que, en considérant que le secteur touristique était avant tout une industrie, il avait pour première obligation de prendre soin du produit qu'il vend. D'autant plus, ajoutait-elle, que le label « responsable », qui correspond à la demande des consommateurs, s'avère être la meilleure voie pour réaliser les meilleurs profits[176]. Protection du produit et recherche de la profitabilité étaient donc explicitement mis en avant comme les fondamentaux de l'activité des entreprises du secteur touristique. Le tourisme responsable devient ainsi une condition incontournable du tourisme durable et, par voie de conséquence, de la durabilité du business lui-même.

Ce capital touristique revêt des formes différentes, allant des paysages naturels à des gisements d'authenticité que l'on trouvera parmi les populations autochtones. Cette authenticité constituant l'essentiel de leur valeur marchande pour une industrie touristique de plus en plus focalisée sur la recherche du sens, de l'émotion et de l'exotisme, elle devient alors un capital écono-

---

[176] « After all as an industry we have a responsibility to protect the very product we seek to promote ». Une justification confirmée quelques lignes plus loin : « Research has already demonstrated that consumers now want the industry to be more sustainable and that responsible tourism can and is already a proven path to profitability » Goodwin, H. (2007).

mique marchand. Ces populations et l'authenticité de leur mode de vie étant ainsi transformés en une marchandise à commercialiser, il conviendra bien évidemment de tout mettre en œuvre pour les préserver ou, tout au moins, pour préserver ce qui est chez elles commercialisable, fût-ce au prix de la folklorisation de leurs modes de vie afin de les rendre encore plus conformes aux attentes du marché. Un capital local que l'anthropologue Franck Michel assimilera fort justement à un « *terroir-caisse* »[177].

La recherche de la protection de ces identités par l'introduction d'une certaine dose de responsabilité sociale se révèle donc parfaitement cohérente avec celle de la préservation du capital d'attraction touristique que l'entreprise a décidé d'exploiter dans les territoires du Sud sur lesquels elle a jeté son dévolu. Face à cet objectif, la formulation de chartes de comportements responsables peut être décryptée comme un moyen efficace de garantir les intérêts du secteur touristique sous l'apparence du souci de respecter ceux des populations visitées. En effet, à l'examen, ces chartes apparaissent beaucoup plus comme relevant de la seule éthique déontologique (une éthique des pratiques professionnelles) que comme une véritable éthique de la responsabilité ou une éthique conséquentialiste qui s'intéresserait aux conséquences pour les sociétés fragiles du Sud de l'intrusion qui leur est imposée de flots touristiques venus du Nord.

En effet, alors que l'éthique déontologique vise principalement à préserver la moralité des pratiques, l'adoption d'une éthique conséquentialiste contraindrait à accepter de poser, en préalable absolu, la question de la justification de ces mêmes pratiques. En d'autres termes, à se poser la question de savoir s'il est moral d'imposer du tourisme aux territoires visités **avant** de se préoccuper de le faire avec le minimum de dégâts.

Une telle démarche nécessiterait tout d'abord de prendre conscience du fait que cette diversité culturelle, qui est un des

---

[177] Schéou, B. (2009).

constituants majeurs de l'attractivité touristique des populations du Sud, implique des systèmes de valeurs pouvant être très différents de ceux prévalant au Nord. Il n'est donc pas certain que ce qui est jugé « bon » pour les populations des sociétés marchandes et individualistes du Nord le soit obligatoirement pour celles du Sud. Tout au moins si l'on accepte le préalable suivant lequel, dans la rencontre entre plusieurs sociétés et plusieurs cultures, aucun ordre particulier de biens et de maux ne peut avoir la prétention de valeur dominante universelle. Ceci est, on en conviendra, fort éloigné de la réalité des pratiques actuelles où ce sont les opérateurs du Nord qui imposent, sous couvert d'altruisme et d'aide au développement, leurs choix et leurs modes de « mise en valeur » à des populations dominées du Sud qui, le plus souvent, n'ont non seulement rien demandé mais, en plus, n'attendaient pas plus d'aide extérieure aujourd'hui qu'elles n'en avaient eu besoin durant les siècles passés.

On notera que cette question se pose même pour les formes de tourisme apparemment les plus éthiques comme par exemple le tourisme humanitaire qui est désormais devenu pour l'*International Center for Responsible Tourism* un gros business (*big business*) en pleine croissance. Il est ainsi particulièrement instructif de noter que, face à ce déploiement tous azimuts de « bonnes volontés » rarement dénuées de motivations purement égoïstes, il est apparu nécessaire de prescrire aux opérateurs de respecter non seulement les intérêts des volontaires mais aussi ceux des populations récipiendaires dans un souci de totale transparence, ce qui est à tout le moins surprenant pour un tourisme mettant au centre de ses pratiques, justement, ce souci de l'Autre. On relèvera ainsi, sans grand étonnement au regard de ce que nous avons énoncé précédemment, que les abus commis sur le terrain par les opérateurs du tourisme autodéclaré « responsable », ont conduit en Afrique du Sud à l'élaboration d'un Code de Bonnes Pratiques visant à éviter l'exploitation par les différentes organisations des communautés qu'elles assistent[178]. Il s'agit là, tout simplement, de

---

[178] « if you are going to offer volunteer travel it should be done in a transparent and responsible manner that recognizes the needs of both

la reconnaissance explicite que le tourisme humanitaire organisé a pour objectif premier de satisfaire la demande et les attentes des touristes eux-mêmes en leur offrant la possibilité de se construire à bon compte une identité responsable et altruiste d'« humanitaires » par l'instrumentalisation des populations visitées. Cette préoccupation avant tout commerciale est d'ailleurs parfaitement compréhensible si l'on considère qu'il s'agit là d'un marché particulièrement prometteur connaissant des taux de croissance annuels de 25% environ.

Si cette relativité des valeurs était perçue et acceptée, il faudrait ensuite se mettre en mesure de pouvoir comprendre, non seulement les attentes réelles des sociétés visitées mais, plus fondamentalement, si de telles attentes d'interventions extérieures existent réellement de la part de ces populations auxquelles on se propose, généralement sans consultation préalable si ce n'est parfois avec quelque « responsable » local coopératif parce que personnellement intéressé, d'imposer des flots de touristes pour les abandonner ensuite, souvent après déstructuration et destruction de leur capital d'authenticité. En d'autres termes, si l'on estime l'intervention par le développement touristique nécessaire, ce qui reste d'ailleurs à justifier car procédant d'une certaine arrogance de « civilisé », encore faudrait-il se mettre en condition de faire aux autres « **leur bien** » et non pas « **notre bien** » que l'on présuppose devoir leur convenir. En d'autres termes, suivant en cela les interrogations de Goethe : « Qu'est ce que le Vrai ? Qu'est ce que le Juste ? Qu'est ce que le Beau ? » en s'abstenant d'affirmer ce contre quoi met en garde Alain Finkielkraut dans son ouvrage sur *l'humanité perdue* « Ceci est bon parce que c'est notre manière à nous » mais en ayant l'humilité et l'*humanité* de se poser la question fondamentale : « Où est le Bien, que nous puissions le servir ? »[179].

---

the community and the volunteer. Responsible operators should guard against exploiting the communities they serve and set realistic goals and expectations for volunteers they place. » Proposition d'un *Code of Good Practice* pour le tourisme humanitaire en Afrique du Sud, in Goodwin, H. (2007).

[179] Finkielkraut, A. (1996).

Cette prétention à faire le bien, et encore plus à s'en prévaloir, devient alors contingente de la reconnaissance de l'Autre et de sa propre identité, non comme objet de curiosité, mais comme un véritable *alter ego* en partageant avec lui des valeurs au sein de ce que Jürgen Habermas définit comme « un seul horizon élargi d'une intercompréhension possible » basé sur l'usage d'une nouvelle « langue maternelle » commune, un dialogue et non plus un monologue, et en considérant que « avant de penser que ce que je crois est une maxime universelle, je dois la soumettre aux autres » [180]. Au-delà d'une morale kantienne articulée autour de la seule notion de « Bien », Habermas considère ainsi que la légitimité d'une norme à prétention universelle ne peut procéder que d'un dialogue entre les parties, ce qui conduira, au-delà du « Bien » à la définition du « Juste ». Dans le domaine du développement, cette invention d'une nouvelle langue reste encore à faire.

On le voit clairement, cette proposition d'une façon d'agir qui serait véritablement morale est fondamentalement inacceptable pour les entreprises touristiques dans la mesure où, d'une part elle ne relève pas de leurs objectifs propres, d'autre part elle pourrait aboutir à la conclusion, dans de nombreux cas, que le tourisme n'est pas la voie la plus souhaitable de développement pour les territoires considérés si tant est que le développement, au sens économique du terme, y soit attendu ce qui, on en conviendra, devrait avant tout relever du libre arbitre des populations autochtones. Pour des raisons faciles à comprendre, qui pourraient mener à l'autodissolution du projet touristique dit « de développement », aucune des approches constituant le corpus théorique de la « Responsabilité Sociale des Entreprises » (CSR) n'a osé pousser le débat jusqu'à cet extrême.

Pour y parvenir, il faudrait dépasser l'approche des parties prenantes (*stakeholder*) traditionnelle, que nous pourrions qualifier de « restreinte », pour passer à une approche élargie. En

---

[180] Habermas, J. (1992).

effet, comme le précise Freeman lui-même[181], cette approche s'articule autour de deux questions fondamentales :

La première porte sur les objectifs de l'entreprise et sur les valeurs qu'elle peut partager avec les parties prenantes. Sur ce point, les positionnements dits « responsables » des opérateurs du tourisme nord-sud sont tout à fait cohérents avec la théorie, tout au moins si l'on considère comme parties prenantes leurs clients du Nord, les touristes eux-mêmes. Pour ce qui est des partenaires du Sud, à savoir les populations récipiendaires, en fait il conviendrait mieux de dire « visitées » ou « instrumentalisées », leur prise en considération est basée sur les intentions qui leur sont prêtées et les attentes qu'on leur accorde, attentes dont il est présupposé qu'elles sont identiques à celles des citoyens des pays du Nord (l'emploi, l'argent, la promotion sociale), ce qui est loin d'être prouvé vu les coûts induits du *développement imposé* : déstructuration de la société, rupture du lien social, prolétarisation marchande, déviances de toutes sortes, etc.

La seconde porte sur la responsabilité du management de l'entreprise à l'égard des parties prenantes. Concernant les touristes du Nord, elle est simple et relève des fondamentaux de l'activité : qualité du produit, sécurité, satisfaction du client, respect du contrat entre prestataires et clients. Concernant les populations du Sud, nous l'avons dit, elle se limite au simple affichage d'une éthique déontologique dans la mise en œuvre de l'activité sans aller jusqu'à une remise en cause du bien-fondé de l'activité elle-même au regard de leurs réels besoins, si tant est qu'ils en aient qui ne puissent être satisfaits par leurs propres capacités.

En effet, dans cette approche restreinte, les parties prenantes du Sud restent positionnées à la périphérie du système de décision. C'est l'entreprise qui demeure au centre du système de décision[182] et qui, lorsqu'elle se veut responsable, « prend en

---

[181] Freeman, R. E. ; Wicks A. C. ; Parmar B. (2004).

[182] Bevan, D. ; Werhane, P. (2009).

considération », à travers les chartes déontologiques qu'elle édite elle-même, les parties prenantes que sont les populations locales et leur environnement. Mais elle ne les considère qu'à travers l'imposition de son propre système de valeurs (distribution de revenus, réussite individuelle, croissance économique), culturellement ethnocentré, sans se préoccuper de ce que peuvent être la cosmogonie de ces populations, leur identité (au-delà de leur capital marchand folklorique et exotique), leurs espoirs et leurs véritables attentes. La théorie de la conjonction des intérêts financiers de l'entreprise avec sa responsabilité sociale marque ici ses limites. En effet, ses clients sont au Nord alors que les populations du Sud ne sont qu'un des éléments constitutifs du « lieu d'accueil », souvent au même titre que le soleil, la plage ou les paysages, quelles que puissent être les dénégations des directeurs marketing et l'affichage de leur souci des peuples locaux. Ils ne sont généralement même pas, pour reprendre l'expression de Jean-Marie Collombon, des hôtes-vendeurs mais simplement des visités, parfois rémunérés, parfois non. Sauf dans des cas extrêmes de rejet, comme par exemple dans le cas des *Tribal Encounter Tour* dans la vallée de l'Omo en Ethiopie, leur non-adhésion au projet de l'entreprise touristique ne constitue donc pas pour cette dernière un obstacle majeur. Ceci d'autant plus que l'introduction de l'activité touristique trouvera toujours des partenaires au sein des populations visitées, ne serait-ce que parce qu'elle permettra ainsi la remise en question des hiérarchies et des modes d'organisation socio-économiques anciens et donc l'émergence de nouveaux pouvoirs aux intérêts conformes à ceux de l'opérateur touristique.

Dès lors, se pose la question fondamentale de l'obligation faite aux autochtones de recevoir des visiteurs, de cette relation asymétrique et inégalitaire basée sur la non-reconnaissance de l'autre comme un véritable *alter ego*, un autre soi-même : « Où dans le monde est-il socialement acceptable d'entrer dans le domicile d'autrui, sans y avoir été invité ni même annoncé, de prendre des photos et ensuite de partir ? »[183]. Cette question

[183] Forum du site *Irresponsible Tourism* (2012).

posée par une touriste ayant participé à un *Tribal Encounter Tour* dans la vallée de l'Omo synthétise bien cette instrumentalisation de l'autre et de tout ce qui fait son identité en le transformant en un objet de curiosité maintenu dans ce que l'on peut considérer comme étant de véritables zoos humains, réalisant ainsi le pire des scénarios envisagés par Samir Amin dans les années 70 lorsqu'il s'interrogeait sur les futurs possibles du continent africain. Des pratiques souvent qualifiées d'« ethnologiques » par les tour-opérateurs afin de tenter de transcender en démarche scientifique ce qui n'est qu'un simple voyeurisme marchand exercé sans aucun respect de l'humanité du visité, un respect qui conduirait avant toute chose à refuser de le considérer comme un simple objet de curiosité par le biais d'instrumentalisations qui ne sont finalement pas si éloignées de celles mises en œuvre dans les « zoos humains » organisés en Europe et en Amérique à partir du milieu du XIXème siècle et qui connaîtront leur apogée dans le cadre des expositions coloniales.

Le paradoxe est ici que cette revendication de la connaissance, avancée comme justification du tourisme ethnologique, tribal ou authentique, procède de la négation même du terme qui est étymologiquement, par son origine latine *agnoscere*, la compréhension et la reconnaissance de l'autre, sa légitimation par l'émergence des deux comme se reconnaissant mutuellement. L'instrumentalisation de l'un et son utilisation comme objet nient ainsi toute prétention à cette connaissance de l'autre et les opérateurs du tourisme, en organisant ce que certains ont dénoncé comme une « pornographie ethnographique » (*Ethnographic Pornography*), et qui n'est finalement qu'une simple mise en scène conduisant leurs clients à se prendre pour ce qu'ils ne sont pas, transforment ainsi la méprise en mépris.

Concernant ces pratiques, recourir au terme de néocolonialisme pourrait paraître exagéré compte tenu de sa très forte charge émotionnelle. Cependant, en est-on vraiment si éloigné ? Les discours de justification du bien-fondé du développement par le tourisme sont-ils si différents de ceux que l'on pouvait trouver dans la littérature coloniale ? Les rapports de domination qui s'établissent entre un système touristique oppressant et des populations récipiendaires vulnérables des pays du Sud sont-ils fondamentalement différents ? Les quelques contre-exemples de mise en valeur touristique par des autochtones acculturés ne nous paraissent pas, de ce point de vue, suffisants pour invalider la pertinence de la question posée.

Cet intérêt bien compris des entreprises elles-mêmes à se montrer éthiques ou responsables, cette transmutation de motivations égoïstes en valeurs altruistes que les théories nous indiquent, est confirmée de manière particulièrement criante par l'examen des chartes pour un tourisme responsable dont nous analyserons quelques exemples dans la partie suivante.

Les codes de conduite pour un tourisme responsable : une éthique déontologique utilitariste

« On peut se poser la question de savoir s'il (le tourisme) est compatible avec une logique de la responsabilité ? Est-il possible de demander aux touristes qui partent pour oublier leurs contraintes quotidiennes, d'être responsables pendant leurs vacances ? N'y a-t-il pas contradiction irréductible entre les termes de vacance au sens de vide et ceux de responsabilité ? »

B. Schéou[184]

La prise de conscience de leur responsabilité sociale par les touristes et les opérateurs du secteur n'est pas nouvelle. Elle est apparue tout d'abord en réaction à certains abus trop manifestes, comme par exemple dans les cas de tourisme sexuel ou de destructions trop manifestes de l'environnement. Elle s'est ensuite développée au sein de certaines formes de tourisme, dites « authentiques », qui impliquaient pour leurs pratiquants des contacts proches avec une nature considérée comme encore « vierge ». C'est ainsi le milieu de l'écotourisme, entendu au sens large, qui a innové dans l'émergence de cette prise de conscience et l'élaboration des premiers codes de conduite. En 1999 déjà, d'après une étude conduite aux États-Unis et au Canada par Fennell et Malloy, 95,5 % des opérateurs de l'écotourisme adhéraient à des codes de conduite. On relève cependant que 81 % de ces codes avaient été édictés par les opérateurs eux-mêmes, ce qui conduit à supposer qu'ils tendaient à préserver, avant tout, leurs intérêts propres[185].

Au niveau académique, l'analyse de l'émergence d'une revendication éthique dans les pratiques du secteur touristique a émergé au début des années 90 avec les travaux de Karwacki et Boyd sur l'éthique et l'écotourisme, de Malloy et Fennell sur les codes de conduite et la morale, de Payne, Dimanche et To-

---

[184] Schéou, B. (2009).

[185] Fennell, D. ; Malloy, D. C. (1999).

wards, de Genot. Ces travaux ont mis en exergue la responsabilité particulière de l'industrie touristique due au fait que, bien que le tourisme soit avant tout un *business*, sa sphère d'influence dépasse largement le seul marché pour toucher au plus profond des aspects sociaux, culturels et éthiques des milieux sur lesquels il s'exerce[186].

Cet impact particulier du tourisme lui imposait donc d'élaborer et de mettre en œuvre des règles éthiques spécifiques destinées à limiter les impacts négatifs dont certains devenaient particulièrement visibles et risquaient de ternir l'image de la profession. On a donc assisté, durant cette décennie 90, à une évolution très progressive d'une approche purement managériale du secteur, conforme au paradigme du primat du seul actionnaire (*shareholder*), vers une approche plus responsable visant à faire du secteur une industrie durable, une des difficultés tenant à l'extrême diversité de ses opérateurs (agences de voyage, hôteliers, guides, transporteurs, etc.). Les codes de conduite sont ainsi apparus comme la forme la plus manifeste de cette prise de conscience et son aboutissement, codes qui permettaient également de fournir une apparence « politiquement correcte » vis-à-vis de l'ensemble des parties prenantes. Visibles, ils offraient également l'avantage d'être facilement opposables aux critiques qui pouvaient être formulées à l'encontre des pratiques en cours. Ceci explique sans doute leur extraordinaire multiplication au fil des années.

L'interrogation sous-jacente à l'élaboration des codes de conduite est toute simple : « que doit-on faire dans une situation donnée ? ». Ils ont donc pour vocation affichée de fournir des lignes de conduite permettant à chacun d'agir de manière responsable. Il n'y aurait là rien que de très évident si ne se posait la question du corpus de référence ayant servi à l'élaboration de ces codes. S'agit-il d'un corpus philosophique articulé autour de

---

[186] « While tourism is a business, its sphere of influence extends well beyond that of a simple market exchange. In addition to its economic impact, tourism influences the social, cultural, ecological, and ethical milieux of each location visited » Malloy, D. C. ; Fennel, D. (1998).

la distinction morale entre le bien et le mal ou alors, à l'autre extrémité du spectre, d'un corpus purement managérial destiné avant tout à préserver les intérêts de l'entreprise elle-même. Cette différenciation fait elle-même référence à celle existant entre l'éthique déontologique et l'éthique téléologique ou conséquentialiste, celles-ci n'étant pas exclusives l'une de l'autre dans la mesure où « la téléologie traditionnelle, bien que déontologique par plusieurs aspects, ne s'oppose pas aux calculs utilitaristes tant que ceux-ci demeurent contenus dans un cadre moral non utilitariste au départ »[187]. Les différences de nature entre ces deux formes d'éthique demeurent néanmoins importantes et tout à fait décisives quant à l'appréciation morale que l'on peut faire des comportements dictés par l'une ou l'autre.

L'éthique déontologique considère avant tout la manière de faire et s'applique donc bien à la définition de codes de conduite. Elle relève largement d'une éthique normative dont le fondement peut-être de diverses natures : religieuse, culturelle ou issue de normes considérées comme universelles. Elle s'applique à la façon de conduire une action, indépendamment des conséquences de cette action, en énonçant un corpus de règles et de devoirs à respecter. C'est typiquement dans ce cadre que se situent les différents codes de conduite applicables au secteur du tourisme.

L'éthique téléologique pour sa part s'attache avant tout aux conséquences de l'action engagée, on parlera alors d'éthique conséquentialiste, plus qu'à la façon dont elle a été conduite ou à ses raisons. À l'évidence, elle se prête beaucoup plus difficilement que la première à l'élaboration de codes de conduites universellement valables puisqu'elle nécessite une analyse au cas par cas des conséquences prévisibles de l'action engagée, avec tous les risques d'erreur que cela comporte. Mais surtout, plus fondamentalement, elle ne pourrait être basée que sur l'existence d'un dialogue habermassien entre de véritables *alter ego*, d'autres soi-même, alors que les différentes parties prenantes (visiteurs et visités, « développeurs » et « sous-

---

[187] McDonald, J. E. ; Beck-Dudley, C. L. (1994).

développés ») se situent en réalité dans une relation léonine de dominants/dominés. Ce dialogue s'avère donc dans les faits totalement inexistant si l'on ne se laisse pas abuser par les « monologues partagés » qui en tiennent le plus souvent lieu et qui se bornent à mettre des autochtones complaisants en condition de répéter à l'envi les discours importés qui leur ont été inculqués et dans l'énonciation desquels ils peuvent trouver leur intérêt particulier à défaut du Bien collectif.

Une des premières remarques à formuler sur l'objet étudié concerne la variété de ses dénominations (codes de conduite, chartes éthiques, chartes responsables, déclarations, etc.) qui ne recouvrent en fait que des réalités fort semblables : indiquer aux touristes, aux opérateurs ainsi qu'aux populations d'accueil ce qu'ils doivent faire et ce qu'ils ne doivent pas faire. Leur prolifération durant les dernières années, qui indique l'importance considérable acquise par les problématiques de la responsabilité hors desquelles il ne semble plus y avoir de salut pour les acteurs économiques, a eu pour conséquence de les banaliser. Il n'est ainsi plus imaginable de trouver un opérateur touristique ne se recommandant pas d'un quelconque engagement éthique, fût-ce uniquement sa propre charte. Confirmant l'intérêt marketing de la démarche, ces codes de conduite s'affichent même chez les opérateurs les plus importants du secteur, et les moins altruistes, comme le groupe Accor ou TUI. Ce point est particulièrement significatif si l'on sait que des études conduites il y a une vingtaine d'années ont montré qu'à cette époque l'engagement éthique était beaucoup moins fort chez les grandes entreprises que chez les petites[188].

Il n'est pas dans notre propos d'analyser l'ensemble de ces codes et chartes, ces travaux ayant d'ailleurs été conduits par ailleurs, tant en langue française qu'anglaise. Nous en rappellerons donc simplement quelques marques de parcours, sans entrer dans le détail des chartes particulières. Aussi brèves soient-elles, nos analyses de discours montrent bien le décalage entre les motifs avancés par le secteur du tourisme dans son ensemble

---

188 Ford, R. C. ; Richardson, W. D. (1994).

(altruisme, responsabilité sociale, soin de l'autre) et ses rationalités profondes (préservation de l'accès aux aménités touristiques, croissance de l'activité marchande, ouverture de nouveaux marchés à forte valeur ajoutée, captation de nouvelles clientèles).

Les chartes de l'Organisation Mondiale du Tourisme : l'instauration d'un cadre libéral pour le développement du tourisme

Compte tenu de la vocation particulière de l'OMT qui est de promouvoir le développement du tourisme à travers la reconnaissance du droit aux vacances, ces déclarations s'inscrivent clairement dans le modèle d'une éthique déontologique utilitariste. Elles visent avant tout, en la régulant, en en limitant les excès trop manifestes et en la rendant moralement acceptable, à permettre à l'activité touristique de continuer à se développer. On notera d'ailleurs qu'il ne s'agit ici que du droit aux vacances de ceux qui peuvent voyager par loisir, soit une infime minorité de la population de la planète. Le droit des populations récipiendaires à décider si elles souhaitent être visitées et qui elles acceptent d'accueillir, est totalement absent des considérations « responsables » de l'OMT, comme d'ailleurs de la plupart des opérateurs du tourisme.

La Déclaration de Manille sur le tourisme mondial de 1980 se déclarait « consciente que le tourisme ne peut prendre son essor que s'il est fondé sur l'équité, l'égalité souveraine, la non-ingérence » et définissait comme but ultime pour le tourisme « l'amélioration de la qualité de vie et la réalisation de conditions de vie meilleures pour tous les peuples, conforme en cela aux exigences de la dignité humaine. ». Au-delà de ce préalable, elle insistait en fait sur le droit aux vacances et les bienfaits du tourisme pour ses pratiquants et instrumentalisait les populations visitées dans une optique utilitariste de préservation d'un capital fragile : « Toutes les ressources touristiques appartiennent au patrimoine de l'humanité. Les communautés nationales et la communauté internationale tout entière doivent déployer les efforts nécessaires à leur préservation » (article 18). En d'autres termes, tout mettre en œuvre pour favoriser la mise en valeur marchande de ce « patrimoine de l'humanité » dont il ne saurait être question d'en laisser la responsabilité aux seules populations autochtones, d'autant plus si elles sont cataloguées comme « sous-développées ».

La Charte des droits du tourisme et le code du touriste de 1985 faisait dans son préambule référence à la Déclaration Universelle des Droits de l'Homme, rien de moins…, pour justifier le droit de tous à la pratique du tourisme. Sur ces prémisses, elle invitait les États à libéraliser le marché en facilitant dans tous les domaines les déplacements touristiques (sécurité, hygiène, facilités administratives, etc.). Dans son article 7, elle invitait également « les populations constituant les communautés d'accueil dans les lieux de transit ou de séjour à recevoir les touristes avec la plus grande hospitalité possible, la courtoisie et le respect nécessaires pour le développement de relations sociales et humaines harmonieuses ». Ainsi, malgré sa dénomination, cette charte se préoccupait-elle essentiellement des droits du tourisme et des touristes et quasiment pas d'imposer un code de conduite pour les touristes eux-mêmes. En effet, sur 14 articles au total, dont 5 relevant du « code du touriste », 13 étaient destinés à faciliter le fonctionnement du marché et les mouvements touristiques et à préciser les engagements des États et des populations hôtes, alors qu'un seul, l'article 11, se préoccupait du respect des populations visitées en précisant que les touristes devaient « montrer la plus grande compréhension pour les coutumes, les croyances et les comportements des communautés d'accueil et un grand respect de leur patrimoine naturel et culturel ». Un « code du touriste » finalement aussi peu contraignant pour les touristes qu'il comportait d'obligations pour les populations d'accueil afin de finaliser le meilleur produit possible.

La Charte du tourisme durable de 1995[189] réaffirmait l'intérêt du tourisme pour le « développement social, économique et politique pour de nombreux pays,… le rapprochement et la paix entre les peuples (en) créant une conscience respectueuse de la diversité des cultures et des modes de vie ». Elle innovait cependant en reconnaissant que le tourisme pouvait également contribuer « à la détérioration de l'environnement et

---

[189] www.comite21.org/docs/.../tourisme/charte-lanzarote.pdf

à la perte de l'identité locale ». Il faut dire qu'entretemps le Sommet de Rio sur l'Environnement et le Développement était passé par là (1992). Elle appelait donc, dès son premier article, à un développement touristique, reposant sur des critères de durabilité, qui soit « supportable à long terme sur le plan écologique, viable sur le plan économique et équitable sur le plan éthique et social pour les populations locales ». Considérant que certaines régions se trouvaient « particulièrement dégradées par des modèles touristiques obsolètes et à fort impact » (article 11), elle appelait alors au « développement de formes alternatives de tourisme développant les principes du développement durable » (article 12). Que l'on ne s'y trompe pas cependant, sous leur apparent souci du respect de l'environnement et des populations locales, tous ces nouveaux engagements avaient, encore une fois, pour principal objectif de maintenir la croissance du secteur touristique en préservant la pérennité de son capital et des conditions de son exploitation. Il s'agissait donc bien ici de définir les conditions d'un développement durable de l'industrie touristique et non pas celles d'un développement durable des territoires et des populations exploités.

Le Code mondial d'éthique du tourisme de 1999[190] manifestait pour sa part une vision quelque peu idéalisée d'un tourisme qui « par les contacts directs, spontanés et non médiatisés entre des hommes et des femmes relevant de cultures et de modes de vie différents,... représente une force vive au service de la paix ainsi qu'un facteur d'amitié et de compréhension entre les peuples du monde », ceci dans le but de promouvoir « un tourisme responsable et durable, accessible à tous dans le cadre du droit appartenant à toute personne d'utiliser son temps libre à des fins de loisirs ou de voyages, et dans le respect des choix de société de tous les peuples... dans un environnement favorisant l'économie de marché, l'entreprise privée et la liberté du commerce, lui permettant d'optimiser ses effets bénéfiques en termes de création d'activité et d'emplois », conduisant ainsi à conclure que « un tourisme responsable et durable n'est nullement incompatible avec une libéralisation accrue des conditions

---

[190] http://www.world-tourism.org/code_ethics/fr/global.htm

qui président au commerce des services et sous l'égide desquelles opèrent les entreprises » (préambule). On ne saurait être plus explicite sur les véritables enjeux d'un tel code : une combinaison entre intérêts commerciaux des entreprises touristiques et droit au tourisme des consommateurs du Nord. Quant aux communautés d'accueil, il n'est fait aucune mention de ce que pourraient être leurs attentes ou leurs aspirations. Aucune approbation ne leur est demandée sur ces projets qui les concernent au premier chef. Elles ne sont intégrées dans « la valorisation individuelle et sociétale du tourisme » que comme de simples actifs patrimoniaux à mettre en valeur pour l'élaboration du produit touristique, au même titre que le climat ou les paysages. Il leur est ainsi demandé, en toute logique, d'« apprendre à connaître et à respecter les touristes qui les visitent, et à s'informer sur leurs modes de vie, leurs goûts et leurs attentes » ceci dans le but de mieux les servir et « contribuer à un accueil hospitalier » (article 1.3). Les autorités publiques, pour leur part, « ont pour mission d'assurer la protection des touristes et visiteurs, et de leurs biens ; elles doivent porter une attention spéciale à la sécurité des touristes étrangers » (article 1.4) auxquels il est simplement demandé de « se garder, à l'occasion de leurs déplacements, de tout acte criminel ou considéré comme délictueux au regard des lois du pays visité, et de tout comportement ressenti comme choquant ou blessant par les populations », ce qui apparaît comme un minimum ressortissant plus au sens commun qu'à des prescriptions spécifiques. Il en va de même pour ce qui concerne la proscription du tourisme sexuel. Si l'article 5 se préoccupe plus spécifiquement des communautés d'accueil, c'est dans le sens de leur intégration économique aux activités touristiques (créations d'emplois) et aux bénéfices qui peuvent en résulter. Concernant les obligations des opérateurs du tourisme (article 6), elles ne portent que sur leurs engagements envers leurs clients avec, en particulier, l'obligation de les informer en cas de danger, sans toutefois « porter atteinte de manière injustifiée ou exagérée à l'industrie touristique des pays d'accueil et aux intérêts de leurs propres opérateurs » (article 6.5). En conclusion, un code d'éthique avant tout destiné à préserver les intérêts bien compris d'une industrie touristique autodéclarée porteuse de développement et de paix, et instrumentalisant les populations d'accueil tout en préconisant de leur concéder quelques retombées économiques...

Les chartes éthiques des ONG et des associations pour un tourisme responsable

La Charte éthique du voyageur a été élaborée en 1997[191] par des professionnels du secteur sur l'initiative du voyagiste Atalante en partenariat avec Lonely Planet sur la base de l'hypothèse que « il n'y a pas de mauvais touristes, il n'y a que des voyageurs mal informés ». Pour notre part, si l'on se réfère à la différenciation qui pourrait être établie entre voyageur et touriste, ce qui ouvre sur un large débat, nous affirmerions plutôt l'inverse, à savoir que « il n'y a pas de mauvais voyageur, il n'y a que des touristes mal informés ». Cependant, même sous la réserve de cette inversion des termes, cette assertion relève d'un angélisme qui pourrait être suspect s'il n'était pas clairement justifié par le simple fait que le tour-opérateur, même associatif et conscient des méfaits causés, continuera à exercer son activité professionnelle en ouvrant toujours de nouveaux territoires à une industrie aux appétits inextinguibles. C'est le malaise créé par des prises de photos lors d'un voyage d'« exploration » organisé par l'agence Atalante sur les berges de l'Omo en Ethiopie en 1996 qui est à l'origine de l'élaboration de la charte. Alors considérée comme une aventure d'exploration, la descente du fleuve Omo jusqu'au lac Turkana est, depuis, devenue un classique des catalogues des tour-opérateurs. En une quinzaine d'années, la situation est devenue telle dans la région que certains participants, révoltés par de telles exhibitions, n'hésitèrent plus à parler de « zoos humains » et de « pornographie ethnologique »[192]. En réponse, l'adhésion à la Charte éthique du voyageur offre à l'entreprise une certification Afaq Afnor susceptible d'attirer des consommateurs qui pourront dès lors pratiquer avec bonne conscience les activités touristiques proposées. Concernant les engagements dits

---

191 http://www.atalante.fr/EngagementsEthiques.html

192 http://www.irresponsibletourism.info/forum/
http://www.journeysbydesign.co.uk/ethical.asp?tab_id=62

« éthiques », la charte consiste simplement en un catalogue de bonnes pratiques relevant du sens commun : ne pas prendre de photos sans autorisation, ne pas jeter de bonbons ou de cadeaux aux enfants, ne pas laisser ses déchets sur place, ne pas nourrir les animaux, etc. Finalement, on y trouve beaucoup plus un souci de rendre le voyeurisme touristique acceptable, en en gommant les aspérités les plus agressives, plutôt que d'aller jusqu'au bout de la réflexion éthique en s'interrogeant sur le bien-fondé d'organiser des tours dans des environnements naturels et humains aussi fragiles. Précautions ou pas, tôt ou tard le résultat sera le même : la vallée de l'Omo en est la parfaite illustration et le voyagiste « responsable » abandonnera la destination transformée en parc d'attraction touristique et se tournera vers de nouveaux rivages encore inexplorés, dans une logique irresponsable de prélèvement minier.

La Charte du tourisme équitable [193] a été élaborée en 2002 dans le cadre de la Plate Forme du Commerce Équitable (PFCE) par quatre associations de tourisme équitable : Croq'Nature, Djembé, Tourisme et Développement Solidaires et Vision du Monde. Déplorant la marchandisation du secteur et ses effets négatifs, cette charte se propose de « travailler avec des communautés d'accueil, les prestataires de services et les voyageurs pour préserver leur dignité et leur autonomie dans une activité de rencontres et d'échanges, en maîtrisant le sens et la valeur de leurs actes » et promeut l'établissement de « relations directes entre les hommes et les femmes de cultures différentes pouvant contribuer à la construction d'un monde plus solidaire ». La nouveauté la plus intéressante dans cette charte est le souhait de l'intégration des communautés d'accueil qui « participent de façon prépondérante à l'évolution de la définition de ces activités (possibilité de les modifier, de les réorienter, de les arrêter). ». On notera que, pour ce faire, les agences participant à cette charte se voient bien obligées de défricher de nouveaux terrains pour bâtir ces nouvelles relations, terrains qui seront ensuite abandonnés dès que l' « authenticité » en aura été détruite, puis investis par des opérateurs sans doute moins res-

193 http://www.croqnature.com/tourismeequitable.htm

ponsables, repoussant ainsi toujours plus loin, suivant la loi de Gresham qui énonce que la mauvaise monnaie chasse la bonne, le front pionnier de l'envahissement touristique.

La Charte du tourisme équitable et solidaire de 2008[194] a été promulguée par l'ATS, Association pour le Tourisme Équitable et Solidaire, créée en 2006 afin de structurer le réseau, initié en 2001, des tour-opérateurs éthiques et solidaires et de « formaliser ses orientations et ses objectifs, l'élargir à de nouveaux acteurs et partenaires et augmenter sa visibilité auprès du grand public ». Cette charte repose sur l'approche fondamentale suivant laquelle « Le tourisme est un outil d'aide au développement local des territoires d'accueil. L'ensemble du projet (activité touristique et les programmes de développement) est élaboré et géré en partenariat étroit avec les communautés locales et leurs représentants ». La charte est basée sur le respect de 10 critères dont le premier énonce que « Les populations locales sont au cœur du processus d'accueil et l'opérateur organise ses séjours en partenariat avec elles », les 9 suivants n'étant que des engagements managériaux et de transparence vis-à-vis de la clientèle.

---

[194] http://www.tourismesolidaire.org/f/lassociationates/notrecharte/

Les chartes éthiques des grands opérateurs privés du tourisme

Le groupe Accor, leader européen, s'est engagé depuis 1998 dans une approche responsable pour un développement durable du tourisme dont le programme maison *Earth Guest*, introduit en 2006, est l'ultime évolution et dont la philosophie s'énonce ainsi selon Gilles Pélisson, alors PDG du groupe : « la Terre nous accueille, nous accueillons le monde ». Tout est dit, effectivement, en ces quelques mots : la Terre n'est qu'un gigantesque réceptif dont il s'agit de préserver les capacités d'accueil à l'usage du tour-opérateur, et ceci passe par « la qualité de notre ancrage local (qui) dépend aussi de notre capacité à préserver l'environnement »[195]. Afin de préserver cet ancrage local, l'entreprise définit ainsi 8 domaines d'action, sociétaux (EGO) et environnementaux (ECO) au sein desquels l'aspect solidaire est clairement affiché : insertion professionnelle de jeunes au Maroc, achats auprès de petits producteurs locaux au Cambodge et amélioration de leurs capacités, achats de produits issus du commerce équitable, etc. L'objectif du groupe, en toute logique, est d'accueillir un maximum de clients afin d'en tirer le maximum de profits. C'est pourquoi, si cette charte prône des usages économes de l'eau, elle ne remet pas en question la construction de piscines, fût-ce dans des pays dans lesquels cette ressource manque cruellement, pour la simple raison qu'un hôtel sans piscine n'attirerait pas de clients. La greffe d'une charte responsable revient donc ici à couvrir des comportements qui pourraient apparaître par ailleurs comme irresponsables. De tels engagements doivent être considérés comme rentables par l'entreprise, tout au moins en termes de communication puisque Accor a modifié son site web et l'onglet Développement Durable, précédemment accessible en deuxième niveau, fait désormais partie du chapeau de la page d'accueil. Ce qui n'empêche par Bernard Schéou de conclure que cette

---

195 Sur le site Accor. http://www.accor.com/fr/developpement-durable/programme-earth-guest/presentation-du-programme.html

charte « affuble d'un qualificatif environnemental des actions classiques dont la finalité est également commerciale et économique »[196], même si les initiatives du groupe doivent être reconnues comme positives puisque Accor se positionne comme l'un des opérateurs les plus actifs dans ce domaine.

Le tour-opérateur TUI, société du FTSE100[197] et leader mondial des voyages et du tourisme avec plus de 30 millions de clients, opère dans 180 pays récepteurs à partir de 27 pays émetteurs[198]. Listé dans le FTSE4Good Index[199], il a été distingué en 2009 par le *World's Responsible Tourism Award* et plusieurs des marques composant le groupe ont reçu des distinctions dans les années récentes. Il publie chaque année un *Travel's Sustainable Development Report.* Le groupe ne fait pas mystère des raisons de son engagement dans un tourisme responsable : « Nous aspirons à devenir leaders en matière de développement durable au sein de l'industrie du voyage de loisirs et nous voulons développer le marché le plus large possible. **Dans le long terme, nous pensons que cet objectif permettra de renforcer la valeur actionnariale pour TUI Voyage, et contribuera à nous garantir un important business, maintenant et dans l'avenir** ... la stratégie de développement durable de TUI Voyage est basée sur la prise en considération des questions clés qui conditionnent la rentabilité de notre société et son

[196] Schéou, B. (2009).

[197] Le Financial Times Stock Exchange 100 est l'indice boursier qui rassemble les 100 premières entreprises britanniques cotées à la Bourse de Londres.

[198] Ces chiffres rappellent que le « droit au tourisme » revendiqué depuis des décennies par l'OMT en référence aux droits fondamentaux de l'homme n'est un droit que pour une minorité de la population de la planète, celle qui peut s'offrir de tels voyages, et qu'il s'accompagne de l'obligation, pour la majorité restante, d'accueillir avec le sourire cette minorité nantie.

[199] Le FTSE4Good Index permet de mesurer les performances des compagnies faisant preuve de bonnes pratiques environnementales, sociales et de gouvernance.

futur. »[200]. Dans la partie expliquant la politique de développement durable du groupe, les prémisses sont explicites : « En tant que société leader dans le domaine des voyages de loisirs, nous savons que l'environnement, les communautés et les cultures dans lesquelles nous exerçons nos activités sont essentielles à la réussite de notre entreprise »[201].

Le paradigme du développement durable est ici instrumentalisé de manière tout à fait explicite car il faut bien convaincre les actionnaires qu'il ne s'agit que d'un habillage destiné à préserver les profits ainsi que les marchés existants et à en développer de nouveaux. L'affichage du label « développement durable » n'est qu'une opportunité à saisir pour satisfaire aux objectifs d'un management efficace et contribuer aux performances, actuelles et futures, de l'entreprise pour le plus grand bénéfice des actionnaires (*shareholders*), comme il est clairement explicité plus loin : « Nous nous engageons donc pour ... **offrir des avantages stratégiques à long terme et créer de la valeur pour les actionnaires en maximisant les opportunités que représente de développement durable** »[202].

Pour sa part, la labellisation FTSE4Good Index a pour objectif, à travers la reconnaissance de l'engagement de l'entreprise dans des standards de responsabilité sociale, de lui permettre d'accéder plus facilement à l'investissement et en particulier aux investissements dits responsables. A travers l'obtention de ce label, l'engagement dans des stratégies de CSR devient donc un véritable investissement pour une entreprise dont l'une des stratégies de développement est de créer et satisfaire une demande pour des séjours plus durables. Il s'agit

---

200 http://www.tuitravelplc.com/tui/pages/sustainabledevelopment, avril 2010).

201 Johan Lundgren, Managing Director Northern Region, PLC Board representative for sustainable development, 16 juin 2009 : http://www.tuitravelplc.com/tui/pages/sustainabledevelopment/strategy1/policy

202 http://www.tuitravelplc.com/tui/pages/sustainabledevelopment, avril 2010).

alors de capter une clientèle de qualité dont la demande ne va cesser de croître dans le futur : « Nous croyons que la demande des clients pour des vacances plus durables va croître. Nos clients sont de plus en plus conscients des enjeux du développement durable et attendent des entreprises, y compris de leurs entreprises de vacances, qu'elles abordent les questions qui comptent pour eux. Nous savons par expérience que la gestion efficace des impacts environnementaux et sociaux va nous permettre non seulement d'économiser de l'argent, mais aussi d'offrir à nos clients une meilleure expérience. La preuve en est que nos études internes montrent une forte corrélation entre les niveaux de satisfaction de nos clients et le fait qu'ils aient séjourné dans nos hôtels les plus performants en matière de développement durable. »[203]. L'engagement responsable est donc avant tout source de profits, présents et futurs, pour l'entreprise.

203 http://www.tuitravelplc.com/tui/pages/sustainabledevelopment/ourcustomers

Des codes de conduite extrêmement rentables pour les entreprises

À l'analyse de cette accumulation de chartes et d'engagements, il devient difficile de percevoir une claire différence de nature entre les formes habituelles de tourisme et les nouvelles formes du tourisme dit responsable ou solidaire. En effet, si l'on se réfère à ces déclarations, tous les opérateurs mettent en avant le caractère responsable de leurs pratiques, et vont même souvent plus loin en se prévalant, quelle que soit leur nature, d'une certaine solidarité avec les populations visitées qu'ils viendraient « aider à se développer ».

Difficile dès lors de s'y retrouver dans un paysage au sein duquel on peine désormais à identifier des opérateurs qui seraient non responsables, non solidaires ou non éthiques. Mais on se trouve alors en droit de s'interroger sur la floraison permanente de nouvelles chartes éthiques qui, pour l'essentiel, ne font que reprendre les bonnes intentions déjà énoncées depuis le début des années 90. Sans doute doit-on trouver l'explication de cet état de fait dans l'analyse que fait Gilles Caire de la démarche du groupe Accor, et qui vaut également pour d'autres : « Il s'agit surtout, sous couvert de développement durable, d'une simple politique de communication, de requalification d'actions déjà anciennes et de valorisation de l'image de marque. »[204].

On peut finalement expliquer ce foisonnement en laissant, pour conclure sur ce point, la parole au Secrétaire Général de l'OMT, Francesco Frangialli, qui déclarait en 2001 : « Le développement durable représente l'horizon du tourisme mondial – non comme une entrave à sa croissance mais comme **la garantie de son succès dans la durée**[205] ».

---

[204] Caire, G. (2003).

[205] Souligné par nous.

Les entreprises du secteur touristique se retrouvent ainsi, face à leurs codes de conduite, confrontées à une double nécessité. D'une part celle de justifier, aux yeux de leurs actionnaires (*shareholders*), ces engagements éthiques comme relevant de bonnes pratiques managériales, d'autre part celle de les habiller des atours de l'altruisme et du développement durable aux yeux de leurs clients.

La dimension utilitariste, bien que non avouée, demeure ainsi largement présente et ces chartes, comme nous l'avons développé précédemment, servent en fait directement les intérêts commerciaux de l'entreprise et, comme l'analysent Malloy et Fennel, elles représentent la culture d'une organisation et agissent comme un moyen de communiquer le caractère éthique de cette culture, tant auprès des employés qu'auprès des clients et du grand public[206]. Outre le fait qu'elles conduisent à limiter les risques de comportement irresponsables de la part de leurs employés ou de leurs clients, préservant ainsi la pérennité de leur activité, elles présentent également l'avantage d'offrir au public une image de responsabilité éthique s'inscrivant parfaitement dans les canons du commerce équitable. Accessoirement, ce positionnement peut permettre de justifier une facturation supérieure du coût des prestations. Au-delà du gain financier immédiat, cette pratique permet également de limiter les risques de guerres tarifaires, parfois suicidaires comme on a pu les constater dans le domaine fortement concurrentiel du tourisme balnéaire d'entrée de gamme. Enfin, elle permet de justifier le recours aux intrants locaux et au personnel autochtone, meilleur marché et moins protégés par des réglementations du travail souvent minimalistes, au nom de l'appui au développement local. Il ne s'agit plus alors d' « exploitation » mais de « développement ».

En effet, un des engagements récurrents de toutes les chartes est celui de l'emploi et de la redistribution locale des revenus. Il paraît difficile de s'élever contre une telle orientation qui paraît relever de la morale la plus élémentaire. Cependant l'emploi,

---

206 Malloy, D. C. ; Fennel D. A. (1998).

s'il est générateur de revenus locaux, l'est aussi de valeur ajoutée pour l'entreprise, ce qui amène à établir une différence fondamentale entre emploi et philanthropie : « Dans un environnement d'entreprise, le partage des bénéfices peut se produire par l'emploi et la philanthropie. Les avantages du partage par la création d'emplois sont évidents dans la mesure où l'on peut attendre des employés qu'ils génèrent plus de revenus qu'ils n'en absorbent : une proposition gagnant-gagnant »[207]. Cet engagement est d'autant plus facile à respecter que, en l'absence d'autres gisements d'emploi au niveau local, les rémunérations offertes pourront être très faibles, dégageant ainsi d'autant plus de marges pour les opérateurs. Par ailleurs, un habillage « responsable » de la faiblesse de ces rémunérations peut être avancé en arguant du risque de déstabilisation des sociétés récipiendaires qui pourrait résulter de l'introduction de revenus démesurés par rapport aux réalités socio-économiques locales. Si l'argument est exact, il faut reconnaître qu'il est fort opportun pour des opérateurs touristiques visant à préserver la valeur première de ce qu'ils vendent : l'authenticité. Permettre aux populations visitées de vivre du tourisme et de demeurer sur place, fût-ce au prix de la folklorisation de leurs modes de vie, est ainsi la meilleure garantie de la survie de l'entreprise touristique et de sa rentabilité.

Malgré tout, certaines pratiques de l'entreprise touristique peuvent paraître relever de la pure philanthropie. En fait, ces actions apparemment désintéressées ne sont pas tout à fait aussi gratuites qu'elles pourraient le paraître. L'entreprise touristique exerçant dans un pays du Sud se trouve, de fait, intégrée dans un réseau de relations et de partenaires plus ou moins proches qui déterminent la qualité, voire même la sécurité, de son insertion locale. Dans ces conditions, une image de prédateur extérieur venant accaparer des ressources locales sans contrepartie pourrait s'avérer désastreuse. Des opérations à caractère apparemment philanthropique (construction d'une école ou d'un dispensaire, formation professionnelle, campagnes de vaccination, etc.) pourront ainsi venir améliorer cette insertion et être

[207] Hill, R. P. ; Cassill, D. L. (2004).

considérées comme un « droit d'entrée » à payer pour être accepté par les populations locales et limiter ainsi les risques d'exclusion du marché ou de sa captation par d'autres. Elles peuvent également être vues comme une augmentation du capital local de résilience de l'entreprise qui, en apportant l'adhésion des populations indigènes, lui permettra de plus facilement faire face à une crise ou des événements imprévus.

Une responsabilité sociale plus esthétique qu'éthique.

Nous l'avons vu, les nombreux débats conduits durant les soixante dernières années autour de la Responsabilité Sociale des Entreprises, et en particulier les plus récents d'entre eux sur la validité de la théorie des parties prenantes (*stakeholder*), aboutissent tous, d'une manière ou d'une autre, au constat que la prise en considération de sa responsabilité sociale dans les stratégies de l'entreprise relève finalement du simple bon sens managérial, entendu dans le sens où l'entreprise se doit de rechercher avant tout ce qui est bon pour elle et lui permettra de réaliser ses objectifs fondamentaux : survivre tout d'abord, gagner ensuite le plus d'argent possible puis assurer son développement dans le futur. Sous des habillages théoriques sensiblement différents, et au-delà des arguties académiques dont beaucoup ne jouent qu'à la marge, l'accord sur ce point semble acquis.

Cette contrainte de la prise en compte de sa responsabilité sociale apparaît encore plus prégnante pour les entreprises touristiques opérant dans les pays du Sud et en particulier dans les territoires et chez les populations se situant à la marge. D'une part parce que ces territoires et ces populations sont particulièrement vulnérables, mais aussi parce que ce qui constitue leur attractivité touristique rend nécessaire leur préservation[208]. Encore une fois, ici, les exigences de la morale rencontrent opportunément celles du maintien de la rentabilité du produit exploité.

Dans ce contexte, la démarche généralisée de fabrication de chartes éthiques par la plupart des opérateurs du tourisme (ONG, opérateurs privés, institutions internationales) procède de plusieurs raisons imbriquées :

---

208 Minvielle, J.-P. (2009).

La première est celle du constat des dégâts causés par le développement du tourisme dans ces territoires vulnérables, dégâts qui pourraient remettre en question l'exploitabilité du capital local, environnemental comme humain, dans lequel puisent avec des méthodes minières les entreprises du secteur[209].

La seconde réside dans le fait que, dans un contexte international d'essoufflement d'un tourisme de masse fortement concurrentiel, les voies les plus rémunératrices et les plus prometteuses pour les opérateurs du secteur sont celles de la proposition d'expériences touristiques nouvelles, porteuses de plus de sens[210]. Les différents types de tourisme « authentique » au Sud, et particulièrement les formes émergentes du tourisme humanitaire et ethnologique, sont donc appelés à se développer de manière exponentielle. Les territoires exploités font ainsi l'objet de prédation de ce qui fait leur identité (déserts, terres vierges, populations indigènes, etc.). Mais ce capital demeure très fragile et se détériore à l'usage, qu'il s'agisse des paysages, dégradés par les aménagements touristiques et les déchets, des cultures, progressivement folklorisées et dévoyées, ou des populations amenées à se comporter progressivement en quémandeurs ou pourvoyeuses de l'ensemble des services pouvant amener à rétribution monétaire, légaux ou illégaux. Ceci amènera les entreprises touristiques pionnières, celles qui revendiquent le plus l'originalité et le caractère vierge de leurs produits, à délaisser ces territoires dès lors qu'ils ne présentent plus tous les attraits de l'authenticité et, de ce fait, voient leur rentabilité diminuer ou bien ne plus correspondre à leur image de marque. Il suffit, pour illustrer ce point, de se reporter à l'interview de Marc Rousse en 2002, alors gérant de l'agence *Terra Incognita*, expliquant qu'il arrêtait de travailler avec certaines destinations, en l'occurrence Chinguetti en Mauritanie, en arguant du fait que « quand le nombre de touristes augmente, ces conséquences (négatives) deviennent catastrophiques », reconnaissant ainsi quasiment explicitement le primat du projet

---

[209] Minvielle, J.-P ; Smida, M. ; Majdoub, W. (2009) ; Minvielle, J.-P. ; Minvielle, N. (2010).

[210] Minvielle, N. ; Minvielle, J.P. (2010).

managérial de l'entreprise (proposer des *terra incognita*) sur ses engagements éthiques : après le passage de l'agence, les « terres inconnues » ne le sont plus. Usée par l'opérateur qui avait trouvé ce capital intact, la « terre vierge » est alors abandonnée à des formes de tourisme plus vulgaires et l'agence ira encore plus loin exploiter de nouveaux territoires et de nouvelles populations : une véritable politique de terre brûlée mise en œuvre sous couvert d'un développement local par ce tourisme pourtant autodéclaré responsable. En cas de conflit d'intérêts, c'est bien celui de l'entreprise qui prévaut et les populations locales sont abandonnées à la vague suivante, plus massive, des prédateurs touristiques plus communs qui seront sans doute moins respectueux que les précédents de la préservation d'un territoire déjà aliéné et ayant ainsi perdu de sa valeur.

Enfin, en introduisant la responsabilité vis-à-vis du capital qu'elles exploitent, ce qu'il faut bien appeler le « produit touristique » constitué de l'environnement naturel mais aussi de l'environnement humain « authentique », ces chartes construisent la résilience de l'industrie touristique et préservent ses marchés et sa croissance à venir. Le **rentable** se voit alors conforté par le **juste**.

Nous posions, plus haut, la question des conflits d'intérêt entre les différentes parties prenantes et la nécessité, pour l'entreprise, de ne poursuivre qu'un objectif (ou tout au moins de n'avoir qu'un objectif principal venant primer sur les autres). Dans le cas du tourisme dans les pays du Sud, il est évident que les partenaires déterminants pour les opérateurs touristiques sont les clients eux-mêmes, pour la simple raison que l'entreprise touristique ne pourrait supporter, commercialement parlant, que les intérêts des populations récipiendaires viennent primer ceux des touristes, et courrait alors le risque de tout simplement disparaître. Les chartes sont donc un moyen parfaitement adapté pour répondre aux problèmes de conscience des opérateurs tout en constituant un atout marketing considérable vis-à-vis de clients exigeants en matière d'authenticité et de respect, clients par ailleurs prêts à payer un prix supérieur pour ce qu'on leur présente comme étant un tourisme responsable et solidaire.

Ces chartes procèdent essentiellement d'une morale déontologique s'attachant à **faire bien** par le respect de règles de comportement préétablies plus que d'une éthique téléologique visant à **faire le bien.** Aller au-delà nécessiterait, avant même de décider d'imposer aux population visitées le tourisme comme solution à leurs problèmes réels ou supposés, de se donner les moyens de savoir exactement ce qu'elles attendent d'une intervention étrangère voire même, plus fondamentalement, si elles attendent réellement une intervention étrangère. Des questions qui, pour pouvoir être posées, nécessiteraient une humilité que l'on ne peut raisonnablement attendre de la part d'entreprises occidentales structurées autour du paradigme de la réussite économique. Il y a là un glissement ethnocentré qui fait considérer que, **faisant bien on doit nécessairement faire le bien :** en fait une véritable manipulation marketing à l'usage de clients qui pourront dès lors consommer et agir en toute tranquillité morale. Or cette relation entre *faire bien* et *faire le bien* est loin d'être prouvée si l'on se réfère aux multiples contre-exemples que révèle l'abondante littérature philosophique sur l'éthique et la morale.

On pourrait ici discuter de la question de savoir si le tourisme est si imposé que cela aux populations récipiendaires sur la base du constat que certains membres de ces communautés se retrouvent directement intégrés à cette activité. On trouvera la réponse à cet argument dans l'interview du Dogon Ama Ibé, interview qui illustre la quasi impossibilité, dans une relation aussi déséquilibrée entre le pouvoir des visiteurs et l'absence d'alternatives des autochtones, de résister à de telles opportunités de gagner de l'argent et, plus largement, de s'immiscer, même par la petite porte, dans un monde moderne considéré comme porteur de toutes les réussites et de tous les bonheurs :

Ama Ibé, vieux Dogon, s'adressant à Edouard Baer dans le cadre de l'émission de Frédéric Lopez « *Edouard Baer chez les Dogons* » (*Rendez-vous en terre inconnue,* France 2) expliquait ainsi les effets pervers et inévitables de la pénétration touristique : « Les mentalités changent, c'est aussi à cause des touristes. Celui qui n'a même pas une pièce dans sa poche, on lui dit si tu cours je te paie, alors il court ; si tu danses je te paie, alors il danse. S'il reçoit de l'argent, tu crois vraiment qu'il ne va pas le faire ? Moi je préfère rester au fond de ma grotte plutôt que de danser pour de l'argent. Chacun a un cerveau pour réfléchir, moi c'est grâce à mon travail que je vis, alors je ne ferai jamais des bêtises pareilles. Jamais je ne trahirai la mémoire de mes ancêtres pour gagner ma vie, je ne le ferai jamais, jamais… ». Ama Ibé veut tout simplement pouvoir continuer à dire « nous », les Dogons, et non plus simplement « je », le danseur pour touristes ; continuer à habiter sa terre.

Edward Abbey, alors qu'il officiait au début du siècle dernier comme *ranger* au contact direct des Navajos dans l'Arches National Monument Park, faisait déjà ce constat douloureux : « Qu'il soit bon ou mauvais sur le plan strictement financier, le tourisme industriel a un coût spirituel pour ceux qui en vivent. Les Indiens doivent apprendre à s'habituer à voir des hordes d'inconnus riches et étrangement vêtus envahir leurs terres et leurs foyers. Ils doivent apprendre à sourire comme des robots. Ils doivent s'attendre à se faire dévisager, toiser et prendre en photo. Ils doivent apprendre à être cocasses, folkloriques et photogéniques. Ils doivent apprendre que la courtoisie et l'hospitalité ne sont pas simplement des habitudes que toute société devrait avoir mais plutôt un type particulier de biens de consommation qui peut se vendre pour de l'argent… Je ne suis pas sûr que les Navajos soient capables d'apprendre ces choses… » [211]

L'insertion dans le système touristique ne signifie donc pas pour autant que celui-ci soit bon ou attire l'adhésion de l'ensemble de la communauté. Il signifie simplement qu'il est bien souvent la seule opportunité pour les plus jeunes, qui sont les seuls « intégrables » par un système qui se préoccupe essentiellement des apparences, de s'en sortir.

---

[211] Abbey, E. (2010)

Le paysage des chartes responsables dans le secteur touristique se dessine donc conformément à cette « valse des éthiques » dénoncée par le philosophe Alain Etchegoyen : une surproduction de déclarations éthiques corporatistes comme succédané d'une morale impossible à trouver ou, pour être plus précis, impossible à accepter par les opérateurs du tourisme qui pourraient y trouver motif à remettre en question certaines de leurs activités. Élaborées par la profession elle-même ou par des organisations satellites (Organisation Mondiale du Tourisme, ONG, UNESCO, etc.), ces règles ont avant tout pour objet de consolider la profession en la normalisant et en la moralisant aux yeux des observateurs extérieurs, observateurs qui en seront d'ailleurs en même temps les clients. L'éthique déontologique est ainsi étroitement cadenassée par les intérêts des professions touristiques, qu'elle ne peut remettre en question, mais qu'elle vient au contraire préserver en habillant de morale et de responsabilité leurs pratiques. Ce faisant, par l'affichage de leurs bonnes intentions, les opérateurs s'absolvent par avance de toute faute et de toute culpabilité car, comme l'énonçait saint Augustin d'Hippone : « il n'y a d'acte peccamineux que s'il a été volontaire, l'absence de volonté exclut la faute »[212] ; a fortiori si les intentions affichées étaient, justement, d'éviter la faute.

Pour autant, on ne doit pas nier l'importance de ces chartes et codes dans la régulation d'une activité dont les dégâts causés ne sont plus à démontrer, ce sur quoi tout le monde s'accorde. Si l'on considère que l'activité touristique, de toutes façons, s'exercera sur ces territoires soumis, ces chartes sont donc utiles, voire même absolument nécessaires. Il ne faut cependant pas entretenir l'illusion de leur altruisme au-delà de toute raison. Même si elles procèdent parfois de bonnes intentions, en particulier chez les plus responsables des petits opérateurs associatifs, car il y en a, elles ont avant tout pour effet, si ce n'est pour objectif, de renforcer les intérêts des opérateurs du tou-

[212] Usque adeo peccatum voluntarium malum est, ut nullo modo peccatum sit, si non sit voluntarium » (Retractationes, I, C. 15, qu. 1, c. 12, princip.).

risme en leur permettant de protéger le capital qui les fait vivre. Sous couvert d' « humanité », d'échange et de revendications d'un respect mutuel que les faits contredisent, ces opérateurs peuvent ainsi continuer à imposer leurs visiteurs, plus ou moins canalisés par ces codes, à des territoires et des communautés mis en situation de soumission totale aux normes ethnocentrées qui leur sont imposées. Ainsi que l'énonce avec justesse Alain Finkielkraut : « la génération humanitaire... n'aime pas les hommes (trop déconcertants), elle aime s'occuper d'eux. Libres, ils lui font peur ; pour donner libre cours à toute sa tendresse et pour en prendre soin sans qu'ils prennent le large, elle les veut handicapés »[213].

La translation d'une approche déontologique des pratiques à une approche téléologique par l'introduction d'une dose d'éthique conséquentialiste serait ici indispensable. Le passage à de telles pratiques qui seraient, pour le coup, véritablement morales et éthiques, conduirait nécessairement à des révisions déchirantes sur ce droit que s'accordent les entreprises touristiques à disposer à leur guise des territoires et des populations au sein desquels elles ont décidé d'implanter leurs activités.

A l'heure actuelle, l'esthétique managériale (le beau) l'emporte manifestement sur l'éthique téléologique (le bien). Les deux gagneraient à se retrouver, fût-ce au détriment de la profitabilité à court terme d'un secteur touristique qui a montré ses capacités à faire commerce et marchandise de tout, y compris de l'âme humaine comme le dénonçait le vieux Dogon Ama Ibé.

---

213 Finkielkraut, A. (1996).

Le tourisme responsable et humanitaire : la dernière mission de l'Occident en charge du développement

L'analyse des pratiques touristiques a ceci de particulièrement intéressant que, délibérément choisies en dehors de toutes contraintes, elles nous renseignent directement sur les motivations des touristes, sur ce qui pour eux fait sens et va leur donner du bonheur. Par cette caractéristique de choix délibéré, parfois même d'engagement, les pratiques touristiques nous informent sur les motivations des individus, leur imaginaire, leurs attentes, le sens qu'ils souhaitent donner à leur vie ainsi que, indirectement, sur les manques qu'ils subissent dans leur vie quotidienne. Ces choix procèdent alors à la fois de leurs expériences propres et de l'évaluation qu'ils en font, mais aussi de ce qui leur a été communiqué, inculqué par les médias, les discours et les archétypes. Parmi ceux-ci, l'évidence de la supériorité du modèle occidental capitaliste « développé » sur toutes les autres formes d'organisations sociales, économiques ou culturelles considérées, par voie de conséquence, comme « sous-développées » au regard d'un développement dont l'unidirectionnalité ne saurait être questionnée, sauf à passer pour un esprit rétrograde ou borné. Et pourtant, que constate-t-on ? Que vont chercher les touristes dans ces territoires considérés comme attardés ? Justement tout ce que le « développement » a détruit chez eux : les relations non marchandes, l'altérité, les identités culturelles, le respect des autres indépendamment de leur apparence ou de leur supposé statut social, bref, en un mot, des vestiges de cette authenticité détruite par la « civilisation » moderne.

Il me revient ici une illustration affligeante de ces efforts que, en toute bonne conscience, déploient les occidentaux pour faire accéder malgré elles les populations vernaculaires aux bonheurs de l'insertion dans le monde marchand. Lors d'un colloque organisé par des organisations non gouvernementales de tourisme responsable, un des responsables a ainsi exposé la stratégie qu'il avait dû mettre en place pour convaincre les autochtones d'une région perdue d'Afrique de recevoir des visiteurs payants, ce qui était totalement contraire aux lois de l'hospitalité. Face au refus d'être rémunérés que leur opposaient les autochtones, les membres de l'ONG ont alors présenté leurs clients comme étant des amis qu'ils demandaient à leurs hôtes de recevoir, ce qui fut fait. Une fois le processus engagé, il fut alors possible de leur faire accepter ce qui, dans un premier temps, fut présenté comme étant de simples « cadeaux » de remerciement. Ces cadeaux se sont ensuite progressivement transformés en véritables rémunérations, engageant ainsi les villageois dans cette relation marchande qu'ils avaient rejetée au départ.

L'accueil des étrangers (rares, il faut en convenir) dans les sociétés vernaculaires se faisait traditionnellement sur le mode du don et du respect de l'autre perçu comme un véritable *alter ego*, un autre soi-même dont on pouvait comprendre les besoins et les attentes et que l'on traitait comme l'on aimerait soi-même être traité. Il y avait là une cohérence par rapport à l'éthique du *care*[214] : visiteurs et visités partageant les mêmes valeurs et les mêmes attentes, il était aisé de savoir comment faire le bien, tant au visiteur qu'au visité, dans des pratiques établies de longue date. Dans le cas de l'intrusion touristique, les valeurs sont différentes. L'accueil des touristes, quelles qu'en soient les finalités retenues, commerciales ou humanitaires (tourisme solidaire, responsable, équitable ou autre), se fait à l'inverse des valeurs traditionnelles, sur un mode marchand médiatisé par des organisations spécialisées dont la rationalité, qu'elle s'affiche comme compassionnelle ou commerciale, n'est pas celle des sociétés vernaculaires d'accueil. Les valeurs n'étant pas partagées, l'éthique du *care*, ce soin que l'on peut apporter à préserver ou accroître le bien-être de l'autre, trouve là ses limites. Ainsi, la plupart des opérateurs touristiques se définissant comme « responsables » mettent en avant la non-gratuité de l'usage qu'ils font des aménités que leur offrent les populations d'accueil. Ce mode marchand de rémunération de l'accueil est considéré par le sens commun occidental comme moral et allant

[214] Ethique basée sur le souci des autres, la sollicitude.

de soi : on estime aliéner moins en payant qu'en ne payant point, en instrumentalisant qu'en respectant les règles ancestrales du don et du contre-don sur lesquelles ces sociétés ont bâti leur édifice social et qui leur ont permis, au-delà des aléas de la vie et de la nature, de survivre jusqu'à aujourd'hui. L'argent versé vaut solde de tout compte. Il vaut également, paradoxalement, caution morale et donne des droits : le droit des touristes à pénétrer, à visiter, à juger, à photographier puisqu'ils payent… Puis à repartir comme ils étaient venus, dégagés de tout engagement après avoir déposé leur aumône dans la sébile. Pour laisser la place à d'autres qui viendront, la conscience tranquille pour la plupart, « voir » à leur tour. Un paradoxe, et non des moindres, est que l'un des principaux attraits pour les touristes consiste à venir au contact de ces valeurs recherchées d'altruisme, de don et de sociabilité mais qu'ils y viennent par le moyen de pratiques marchandes et consuméristes qui en sont la négation même.

On voit ainsi que, au titre de l'incapacité de l'autochtone à savoir ce qui pourrait être bon pour lui, les « humanitaires » bien pensants n'hésitent pas à faire appel aux techniques les plus perverses de la manipulation mentale pour arriver à leur fin : faire, malgré lui, le bonheur de l'autre. Il s'agit dans ce cas de la technique bien connue de « l'engagement » qui, à partir d'une première proposition facilement acceptée (accueillir des amis chez soi), conduit en raison de l'impératif de cohérence des comportements humains à en accepter ensuite une seconde (recevoir un cadeau en retour) puis à finalement admettre ce qui avait été refusé au départ, s'inscrire dans une relation marchande avec ses visiteurs (se faire payer pour accueillir des clients) : une technique de manipulation enseignée dans toutes les écoles de vente. Le plus significatif dans cet exemple fut, lors de cette conférence, l'approbation générale accordée par l'auditoire qui salua cette intelligence à se mettre en capacité de faire le bien de l'autre malgré son opposition. Personne n'y a vu une violation du territoire de l'Autre, de son identité, de son humanité propre : un outrage, au sens premier du terme signifiant « passer outre » à la volonté de l'Autre. Personne n'y a vu une manifestation de cette injustice commise par la ruse que

Schopenhauer considère comme plus avilissante pour son auteur que celle commise par la violence pure et qui « ravale l'homme moralement »[215]. Aveuglement de la bienfaisance et du contentement de soi, arrogance du développé face au sous-développé, violence finalement…

Dès lors, par cette soi-disant pratique humanitaire, les touristes vont également acquérir autre chose, un véritable statut : celui d'« humanitaire », tellement plus valorisant que celui de « touriste ». Devenu humanitaire, le touriste n'est plus : appelé à faire le Bien, il se réconcilie avec lui-même. Sa présence dans ces lieux qu'il visite devient, ipso facto, justifiée, anoblie par la mission altruiste qu'il s'est, le plus souvent, auto-attribuée. Ainsi pratiqué, le tourisme acquiert une dimension quasiment cathartique et contribue à résoudre le dilemme que soulevait Ludwig Wittgenstein lorsqu'il s'interrogeait sur la façon dont l'homme pourrait être heureux face à toute la misère du monde[216]. Sans doute par cette satisfaction intérieure dont Rousseau nous dit qu'elle seule peut rendre heureux un être pensant[217]. Outre les plaisirs habituels du voyage et de la rencontre (on devrait plutôt dire, dans ce cas, des rendez-vous), le tourisme humanitaire présente l'extraordinaire avantage d'avoir, pour ses participants, valeur d'absolution pour tous les excès commis, ou supposés commis, par le capitalisme et le matérialisme occidental triomphants. Il permet également un voyeurisme rasséréné par l'aura de la « mission » : le contact avec les pauvres, la fréquentation de la misère ne sont plus indécents mais deviennent moraux et justifiés. Ces nouvelles pratiques touristiques se révèlent alors comme un fait social total. Rendant plus facilement intelligibles les carences et les attentes de nos propres sociétés, elles fonctionnent comme un véritable révélateur sociétal.

En première lecture, superficielle, on pourrait donc considérer que la préoccupation du développement des autres serait la

---

215 Schopenhauer, A. (1819).
216 Wittgenstein, L. (1921).
217 Rousseau, J.-J. (1761).

manifestation de préoccupations altruistes, d'un souci de l'Autre et de partage de ses propres richesses que l'on ne pourrait que saluer. Le monde deviendrait-il ainsi « bon », les nantis se préoccupant désormais de ceux qu'ils considèrent, par un regard biaisé et ethnocentré, comme pauvres ? Peut-être, mais cependant, à y regarder de plus près, on constate que les motivations purement égoïstes sont largement prédominantes dans les motivations des uns et des autres, opérateurs du tourisme comme touristes eux-mêmes, et que les stratégies qu'ils développent servent finalement le plus souvent des objectifs moins nobles qu'il n'y paraît. Le tourisme humanitaire est l'une de ces stratégies pour laquelle, comme le disait Jean Rostand, « l'altruisme est souvent un alibi », confirmant ainsi l'analyse de Jean-Jacques Rousseau qui voyait dans l'amour de soi la source de toutes nos passions, l'origine et le principe de nos actions[218].

Tel qu'il se revendique, le tourisme humanitaire apparaît donc profondément altruiste. Mais c'est dans la façon dont il se vend, dans les argumentaires qu'il développe pour attirer sa clientèle de « volontaires » et autres touristes « humanitaires », qu'il révèle sa nature réelle, souvent bien éloignée des motivations affichées de « souci de l'autre ». On en trouvera une illustration particulièrement parlante dans la page d'accueil de l'organisation humanitaire AideHumanitaire.org qui s'ouvre sur cette citation de Simone de Beauvoir magnifiquement illustrative de notre propos : « Pour désirer laisser des traces dans le monde, il faut en être solidaire »[219]. **Désirer laisser des traces dans le monde**… c'est donc cela qui serait à l'origine du besoin de solidarité manifesté par les touristes occidentaux en quête de réalisation humanitaire. Certainement, en grande partie tout au moins, et ce besoin est ici justifié et légitimé par une grande signature de la pensée française : comment aller contre ? Ce préalable difficilement discutable autorise ainsi l'organisation à aller plus loin dans l'explicitation de sa démarche : « AideHumanitaire.org vous informe sur l'actualité humanitaire et

---

218 Rousseau, J.-J. (1762).

219 www.aidehumanitaire.org.

vous aide à aider le monde à votre façon et selon vos valeurs ». Aider le monde **à votre façon et selon vos valeurs**, tout est dit en ces quelques mots sur les fondamentaux de cette démarche autoqualifiée d'humanitaire et démontre que, même pour ceux s'affichant comme les plus altruistes et les plus respectueux des autres, la cécité et l'arrogance du « développé » à l'égard du « sous-développé » demeurent. Un déni d'altérité revendiqué au nom de l'altruisme, ce que seul pouvait autoriser l'aveuglement suffisant de l'Occident !

Si l'on se situe dans le paradigme de l'éthique du *care* (éthique du soin de l'autre), on se rend compte que ces acteurs se préoccupent plus d'eux-mêmes, de leur satisfaction propre à faire ce qu'ils considèrent comme Bien, qu'aux attentes réelles, voire même à l'absence d'attentes, des populations « aidées ». Ces acteurs se disant « responsables » ou « humanitaires » s'avèrent ainsi avant tout préoccupés par « **le bien de leur propre bien-être** » plutôt que par le bien du bien-être des populations visitées et assistées. Ce qui est intéressant est que les valeurs mises en avant par les opérateurs se revendiquant responsables sont partagées avant tout par leurs *alter ego* : les touristes du Nord. Il s'agit donc bien là d'une création, esthétique et non pas éthique contrairement à l'apparence qui lui est donnée, de la fabrication d'un produit marchand à l'intention de ces consommateurs du Nord et de leurs attentes. Mais qu'en est-il des valeurs des populations visitées du Sud, de leurs propres espoirs ? Il n'en est jamais fait mention, si ce n'est sous la forme d'une adhésion supposée librement consentie, voire même désirée, aux normes et valeurs dominantes du Nord, préparant ainsi le terrain à la normalisation marchande des populations les plus reculées de la planète, à la marchandisation des relations sociales, à l'érection du consumérisme comme nouveau totem et aboutissement ultime des ambitions humaines.

L'analyse des sites Internet de quelques organisations ou agences spécialisées dans le tourisme humanitaire est, pour ce qui concerne les motivations des candidats humanitaires et de ces opérateurs commerciaux, particulièrement instructive et démontre que les démarches de marketing mises en œuvre sont parfaitement cohérentes avec les fondamentaux des approches théoriques que nous avons précédemment développées comme étant avant tout bénéfiques à l'entreprise elle-même. Bien évidemment, toutes les organisations ne sont pas identiques et nombre d'entre elles opèrent réellement, en tout ou en partie, sur la base des considérations morales qu'elles mettent en avant. Certaines d'ailleurs n'hésitent pas à dénoncer ce « business de l'humanitaire » et le « tourisme de l'humanitaire » qui l'accompagne (AideHumanitaire.org par exemple). Malgré tout, l'interrogation demeure quant aux fondamentaux éthiques réels de ce qui est devenu à présent un marché rentable. Ce qui dérange dans ces pratiques est la mise en avant permanente de l'inutilité d'une formation ou d'une compétence quelconque pour devenir un volontaire humanitaire dans un pays du sud, et ce quel que soit le domaine d'intervention. Comme si le seul fait d'être issu d'une société dite « développée » suffisait comme label de compétences pour le touriste volontaire destiné à intervenir dans des sociétés considérées comme « sous-développées » et donc inférieures.

Ainsi, la page d'accueil de l'organisation de volontariat Projects Abroad confirme en quelques phrases, et de manière caricaturale, ce que nous énoncions précédemment sur l'instrumentalisation de la démarche humanitaire pour de pures raisons d'intérêt ou de développement personnel : « À travers des missions de volontariat et des stages en Afrique, Asie, Amérique Latine et Europe de l'Est, Projects Abroad permet aux volontaires de **progresser dans leur développement personnel. Aucune qualification particulière n'est nécessaire**. Vous aussi, vous pouvez participer ! **Vous choisissez individuellement le type de projet, le pays d'action, la date de départ et la durée du programme**. ».

Cette page d'accueil mérite une petite analyse :

« **Progresser dans leur développement personnel** » : Il n'est ici fait aucun mystère du fait que les touristes candidats à une expérience différente, et donc qualifiés pour l'occasion de « volontaires », s'engagent en fait avant tout, sous le couvert d'une démarche humanitaire et altruiste, dans une démarche de développement personnel. C'est donc une « mission » qui leur est proposée, avec la construction identitaire valorisante attachée au statut d'humanitaire, et non pas un banal produit touristique. Les populations récipiendaires importent peu, ce sont les clients de Projects Abroad qui sont au centre de la démarche : « l'organisation Projects Abroad organise des missions de volontariat depuis 1992 au bénéfice de plus de 35 000 volontaires et stagiaires qui sont partis avec nous ». Bizarrement pour une organisation autodéclarée « humanitaire », celle-ci met en avant que son action est menée **au bénéfice des volontaires et stagiaires**, ses clients donc, et non pas des populations récipiendaires. Il était d'ailleurs impossible, à la date de rédaction de ces lignes, de trouver dans le site une mention quelconque des besoins ou demandes des populations visitées. Au contraire, tout l'argumentaire de vente de ces « missions humanitaires » est structuré autour du souci du client en lui garantissant un encadrement professionnel de qualité : « Dans les pays d'accueil, plus de 300 permanents locaux expérimentés fournissent de l'aide et du support aux volontaires - 24 heures sur 24, 7 jours sur 7 ». Bref, la démarche classique de vente de n'importe quel produit touristique : « Votre sécurité est toujours notre priorité absolue !... Dans tous les pays d'action, nous disposons de salariés expérimentés qui assurent qu'on s'occupe bien de vous et que votre mission se déroule telle que prévue. C'est bien plus qu'un simple numéro de téléphone d'urgence. Nos équipes sont toujours géographiquement proches et peuvent se déplacer avec vous si cela est nécessaire. Ils sont disponibles en permanence pour vous conseiller et vous aider… ». Le touriste « volontaire » peut ainsi se « développer personnellement » sous l'habillage de contribuer au développement des autres, se construire une identité valorisante d'« humanitaire ». Et ceci en toute sécurité et quelles que soient ses capacités (ou ses incapacités) personnelles car, comme le rappelait Emile Cioran dans son ouvrage *Sur les cimes du désespoir* : « La compassion n'engage à rien, d'où sa fréquence. Nul n'est jamais mort ici-bas de la souffrance d'autrui »[220].

« **Aucune qualification particulière n'est nécessaire** » : Bien évidemment ! A-t-on jamais demandé à un touriste une qualification particulière pour pratiquer son loisir ? C'est d'ailleurs là l'objet même du « développement personnel » proposé par l'organisation : la mise en condition de s'attribuer des capacités que l'on n'a pas, la construction d'un soi idéalisé. Ici encore, peu importent les populations d'accueil, elles ne sont de toutes façons là que pour être instrumentalisées, servir de faire-valoir. De plus, même sans qualifications particulières, le touriste occidental aura toujours, du seul fait du niveau de développement atteint par sa société d'origine, des capacités supérieures à celles des populations autochtones considérées le plus souvent comme en étant encore au « Moyen-Âge ».

« **Vous choisissez individuellement le type de projet, le pays d'action, la date de départ et la durée du programme** ». Cela relève encore une fois de l'évidence, s'agissant des fondamentaux de la demande touristique : choisir son projet, ses dates et son lieu de villégiature. Pratiqué d'abord pour soi-même, le volontariat « humanitaire » se fait donc à la carte, et l'assentiment des populations « aidées » sur la définition du projet, des dates et du lieu va de soi… Demande-t-on à un paysage ou aux employés d'un hôtel ou d'un parc d'attractions leur acquiescement à la venue de touristes ou bien ce qu'ils souhaiteraient qu'ils viennent faire localement ?

Finalement, peu soucieuse de donner le change sur les prétendues motivations altruistes des uns et des autres, l'organisation touristique énonce l'ultime argument qui fera préférer le tourisme humanitaire au tourisme classique : « **L'expérience internationale que vous allez vivre avec Projects Abroad sera un atout formidable pour vos futures candidatures**. Aujourd'hui, il ne suffit plus d'avoir fait une année Erasmus en Europe pour rendre son CV unique. Mais qui

220 Cioran, E. (1991).

peut se vanter d'une expérience de travail en Chine, en Inde, au Ghana, ou au Pérou ? » et Projects Abroad permettra ainsi à ses clients de « développer les fameux *soft skills* tant recherchés par les recruteurs ». Comment être plus explicite ?

La lecture des forums de volontaires est elle-même particulièrement intéressante. Comme le fait justement remarquer l'un d'eux : « On en revient toujours au même problème. Tous ces organismes placent le volontaire au centre de leurs préoccupations (puisque c'est lui qui leur rapporte du fric). Et on ne parle jamais du projet, le but premier c'est tout de même de faire avancer un projet de développement. Vous êtes revenu enchanté par votre séjour, mais votre présence a-t-elle permis à un projet sérieux d'avancer, et question subsidiaire : votre présence était-elle indispensable à l'avancement de ce projet ? Avez-vous apporté des compétences qu'on ne trouvait pas sur place ? »[221]

Les récits des volontaires se différencient relativement peu de ceux que l'on peut lire par ailleurs sur les forums du tourisme classique et s'avèrent tous autocentrés sur l'expérience personnelle vécue. Ils confirment ainsi la validité des argumentaires marketing mis en avant par les opérateurs du tourisme humanitaire : expérience exceptionnelle, construction de soi, développement personnel. Les populations visitées n'apparaissent qu'en toile de fond, comme supports de l'expérience. Loin d'être au centre de la « mission », elles n'en constituent en réalité que la périphérie. Sur leurs besoins, leurs attentes particulières, la satisfaction qu'elles-mêmes ont pu tirer du passage du volontaire, rien n'est dit si ce n'est que la satisfaction que ce dernier tire de ce qu'il considère comme sa tâche accomplie semble valoir validation de l'utilité qu'a pu avoir cette tâche pour des populations instrumentalisées dont on s'est servi plus qu'on ne les a servies. Lorsque la prise en considération de ce qu'ont pu ressentir les populations visitées existe, c'est-à-dire très rarement, l'analyse, jamais critique, se limite généralement à quelques banales assertions du type « ils étaient

---

[221] J.M., sur le forum www.e-voyageur.com, le 9 mars 2012

contents de nous voir » ou bien « ils nous ont beaucoup remerciés »...

Les volontaires reviennent ainsi toujours heureux de leur expérience, et souvent prêts à repartir, conformes en cela à ce qu'énonçait Pierre-Augustin Caron de Beaumarchais dans *La mère coupable* : « On se trouve si bon après la compassion ».

La fin des mondes vernaculaires

La fin des patrimoines vernaculaires

« S'il est fort peu probable que les enfants indiens jouent au Blanc, tous les enfants blancs ont au moins une fois dans leur vie imaginé qu'ils étaient un Indien...
...et cela est un point à méditer ».
R. Renaud[222]

La question se pose désormais : que transmettront aux futures générations les Dogons du début du XXIème siècle qui ont été conduits par la pénétration touristique à dévoyer leur culture, folkloriser les cultes et les masques, marchandiser leur identité et leur territoire ? Une place marginale dans l'économie marchande mondialisée ? Une identité de prolétaires folklorisés et attardés tout juste aptes à récolter quelques maigres subsides en caricaturant, pour des touristes généralement incultes et satisfaits des grossières parodies qui leur sont offertes, tout ce qui faisait l'identité de leurs ancêtres ?

Quelle humanité pour ces nouveaux prolétaires de la mondialisation ?

La justice intergénérationnelle est à la base de la conceptualisation du développement durable. En s'engageant dans cette voie de l'aliénation de leur identité par la soumission à la machinerie touristique, les dépositaires momentanés de l'identité Dogon (la génération actuelle), comme d'autres d'ailleurs et nous ne prenons les Dogons que comme un archétype possible parmi d'autres, procèdent à une **véritable expropriation des générations futures** de la cosmogonie de leur peuple, de leur patrimoine ancestral. On peut affirmer que les futurs Dogons ne le seront plus ou, plus précisément, que ce ne seront plus que des individus engloutis dans le village matérialiste et normalisé planétaire et si certains demeureront malgré tout **labellisés Dogons comme une marque® authentique**, ce ne sera plus que

---

222 Renaud, R. (1972).

pour satisfaire aux besoins du marché touristique local et des petites entreprises qui s'y grefferont. C'est tout le lien symbolique de la relation du Dogon à son territoire, à sa falaise et à ses tombeaux, aux générations passées qui se retrouve alors détruit par sa réduction à la dimension dérisoire de simple représentation folklorique : **une richesse patrimoniale et identitaire unique qui se voit ainsi transformée en une banale ressource économique positionnée sur un marché**. On tombe alors dans le processus de l'irréversibilité de l'évolution qui fait que les générations futures devront, qu'elles le veuillent ou non, qu'elles le puissent ou non, s'en accommoder. Pour reprendre l'expression de Marc Bloch, au sein de la planète mondialisée, les hommes seront désormais plus les fils de leur temps que de leurs pères. Ce qui est d'ailleurs revendiqué de manière explicite par la CNUCED (Conférence des Nations Unies sur le Commerce et le Développement) qui met en exergue dans son Rapport 2013 sur les Pays les Moins Avancés « Ne laissez pas votre passé dicter votre avenir », l'avenir étant bien évidemment celui imposé par les experts internationaux. On ne saurait être plus explicite. L'*héritage vertical* des ancêtres se retrouve ainsi, pour les sociétés vernaculaires soumises à l'emprise de l'assistance internationale au « développement », supplanté et détruit par l'*héritage horizontal* du modèle consensuel mondialisé, normalisé et dominant. Suivant la terminologie d'Amin Maalouf, l'*uniformisation par l'hégémonie* est en marche[223].

Ce souci de l'équité intergénérationnelle, quasiment disparu dans le monde dit moderne si l'on en juge ne serait-ce que par les pollutions accumulées et les dettes publiques colossales que

---

[223] Il me revient ici avec une grande émotion le souvenir de ce haut fonctionnaire international basé en Suisse après avoir résidé à Washington. Il m'avait contacté en m'indiquant avoir été un de ces enfants Toucouleur d'un petit village du Fouta Toro qui, plusieurs décennies auparavant, me suivaient dans mes investigations de terrain sans comprendre pourquoi ce « blanc » posait tant de questions à ses parents et grands parents. Brillamment intégré dans le monde moderne et ayant lu certains de mes travaux, il s'était tourné vers moi pour renouer avec sa mémoire et cet héritage perdu dont j'avais, fort modestement, essayé de porter témoignage.

nous léguerons à nos enfants et petits-enfants, a toujours existé dans les sociétés vernaculaires dont elle constituait l'identité profonde, la génération actuelle n'étant que gestionnaire momentanée d'un patrimoine destiné à être transmis, tel quel, d'une génération à l'autre : ce n'est pas l'homme qui hérite de la terre c'est la terre qui hérite de l'homme. La terre seule est pérenne, et l'homme qui en est le gestionnaire momentané doit le faire dans le respect, non seulement de ses descendants (paradigme du développement durable) mais également dans celui de ses ascendants.

En effet, dans le paradigme du développement durable que nous avons rapidement abordé précédemment, on souligne la responsabilité des générations actuelles vis-à-vis des générations futures. On notera qu'il n'est jamais fait mention de **la responsabilité des générations actuelles vis-à-vis des générations passées**, des engagements auxquels les convie l'héritage reçu. D'un point de vue éthique, une telle absence est particulièrement surprenante et ne peut s'expliquer que par la vision strictement utilitariste de la notion de développement : nous pouvons, par nos actions actuelles, modifier les conditions de vie de nos descendants mais en aucune manière celles de nos ascendants qui ont, eux, déjà vécu. Cette considération triviale peut-elle, à elle seule, remettre en question la nécessité morale de respecter le patrimoine qui nous a été transmis ainsi que les valeurs qui en ont permis la préservation jusqu'à nous ? Comme l'énonçait si justement l'écrivain Berrian dans le roman d'Edward Bellamy[224] : « Sur ceux qui vont naître, notre pouvoir est comme celui de Dieu ; notre responsabilité envers eux est pareille à la sienne envers nous. Puissent-ils nous traiter ainsi que nous les traitons nous-mêmes ! ». A contrario, comme le souligne John O'Neil[225], les générations à venir ne peuvent aucunement nous affecter, ni en mal ni en bien. On ne peut donc débattre de ce qui est juste sous le seul angle du contrat (on ne peut passer de contrat avec des générations à venir, sauf celle qui nous suit immédiatement ni, a fortiori avec les généra-

224 Bellamy, E. (1888).
225 O'Neil, J. (1993).

tions passées dont nous devons bien accepter le legs tel qu'il se présente). On ne se situe pas plus dans le cadre du marché que dans celui de la réciprocité[226], et c'est bien par l'engagement culturel et moral que les sociétés vernaculaires réussissaient à préserver cette responsabilité intergénérationnelle. Si la nature ontologique de cette responsabilité apparaît naturelle dans les sociétés vernaculaires, chaque génération n'étant que dépositaire momentanée d'un bien commun, le patrimoine, les sociétés modernes peinent à la justifier, et s'égarent, pour ce faire, dans les méandres de la théorie des contrats. Ainsi John Rawls, dans sa Théorie de la justice qui s'applique à des sociétés en développement, en vient à parler de « taux d'épargne ». A défaut des anciennes valeurs morales et culturelles, désormais détruites par le nouvel ordre mondial qui leur est imposé, il se voit dès lors contraint de tenter de trouver dans la seule rationalité économique les raisons de continuer à préserver les patrimoines hérités : « ce capital transmis est le **remboursement** de ce que les générations précédentes ont donné et qui permet aux générations actuelles de jouir d'une vie meilleure dans une société plus juste »[227], tout en reconnaissant que sa théorie « ne réussit pas à englober toutes les relations morales puisqu'elle n'inclut, semble-t-il, que nos relations avec d'autres personnes, sans tenir compte du problème posé par notre comportement à l'égard des animaux et du reste de la nature »[228].

Les acteurs occidentaux de la compassion et du développement, aidés et justifiés en cela par les auxiliaires locaux qui y auront trouvé leur propre intérêt, pourront ainsi se targuer d'avoir, dans le temps court de leur intervention, imposé l'oubli de leurs identités et apporté le « développement » à ces communautés vernaculaires. Une fois le gaspillage du patrimoine consommé, qu'en restera t-il dans le temps long de l'humanité ?

Qu'en restera t-il pour les générations futures ? Quel patrimoine leur sera légué ? Une spécialisation internationale dans

---

226 Polanyi, K. ; Granoveter, M.

227 Rawls, J. (1987).

228 Rawls, J. (1987).

l'exotisme folklorique pour ceux restés au village ? Quelques campements et hôtels pour les plus entreprenants ? Une « intégration » à la marge dans le monde marchand occidental pour ceux ayant émigré grâce aux mariages ou à l'appui de quelques touristes, posant ainsi la question de l'identité du Dogon à Paris (ou ailleurs), question dont on connaît la réponse : il n'y a pas de Dogon à Paris, il n'y a même pas de Malien, il n'y a plus, n'en déplaise à la bien-pensance, que des africains noyés dans la masse indifférenciée des immigrés subsahariens, tous identiques quelles que soient la diversité, la richesse et l'ancienneté de leurs cultures d'origine. Hors contexte, le Dogon n'existe pas plus que le Wolof ou le Soninké et personne ne paye (ou du moins pas encore) pour aller « voir » les ethnies d'Aulnay sous Bois et leurs cultures. Si cela se fait un jour, comme cela se pratique déjà ailleurs[229], ce ne sera pas pour aller au contact des Dogons, des Peuls ou des Toucouleurs et de leurs cosmogonies ici abandonnées, mais simplement pour « observer » ces néo-développés lutter pour survivre dans les ghettos urbains... Le développement imposé, c'est avant tout la translation du temps circulaire des sociétés vernaculaires vers le temps linéaire des sociétés en évolution avec tout ce que cela implique comme abandons, oublis et nouvelles aliénations.

Les sociétés vernaculaires n'ont pas eu à formuler la notion de développement durable pour la simple raison que, vivant en parfaite symbiose avec leurs territoires, elles l'ont toujours pra-

---

[229] Mais sans doute cela ne saurait tarder... Comme on a pu le voir avec le développement des pratiques touristiques dans les ghettos (par exemple, *Favela Tours* à Rio), il est probable que, l'économie marchande ayant horreur du vide, en l'occurrence de la non-valorisation de tout ce qui est susceptible de rapporter de l'argent (un économiste dirait « créer de la valeur ajoutée », ce qui apparaît beaucoup plus respectable), on peut supposer qu'il n'y a qu'à attendre pour que de tels produits touristiques voient le jour. Une nuance cependant : l'objet de la visite ne sera pas la culture Dogon, Toucouleur ou Wolof, mais celle du ghetto lui-même, résultat du brassage complexe d'identités perdues et recomposées dans une marginalité susceptible, si elle est visitée en toute sécurité, de fournir au touriste le frémissement de l'aventure et de l'interdit.

tiqué. La circularité du temps dans laquelle elles étaient jusqu'à présent engagées entraînait ainsi la prévisibilité des conséquences de comportements qui ont été progressivement adaptés aux contraintes de leur environnement. Ainsi organisées, ces sociétés ont survécu durant des millénaires à toutes les atteintes naturelles auxquelles elles ont été soumises, tout au moins jusqu'à leur « découverte » par le monde occidental. Elles ont à présent à faire face au danger le plus destructeur de leur longue existence : la **compassion destructrice** d'un monde occidental acharné à les faire entrer de force dans le modèle évolutif d'un développement qui les contraindra progressivement à l'abandon de leurs structures sociales et productives anciennes et à une prolétarisation qui marquera leur nouveau statut de peuples dits « émergents ».

La bataille est perdue d'avance : les sociétés vernaculaires n'ont aucune chance face aux professionnels, experts et bénévoles de la compassion internationale œuvrant à la confiscation des dynamiques locales, à la négation puis l'anéantissement des capacités d'adaptation et de résilience endogènes. Trop d'intérêts sont en jeu, qui les dépassent car il y a là, outre la satisfaction morale des développeurs, la stratégie de faire entrer dans la sphère marchande ces populations qui en étaient jusqu'à présent exclues. C'est bien là que développement et croissance se retrouvent, se justifient et se renforcent mutuellement. Comme cette image d'une vieille dame qu'un scout bienveillant aide de force à traverser une rue qu'elle n'avait pas besoin de franchir, les populations assistées se retrouvent contraintes au « développement » forcé. Et peu importe que de plus en plus d'occidentaux rêvent de retrouver ces fondamentaux perdus du lien social, de la solidarité et de la convivialité, de la relation symbiotique avec la nature, qui font toujours, pour celles d'entre elles qui sont encore épargnées, leur quotidien et leur identité : elles n'y ont plus droit et c'est au nom de la solidarité internationale que leur est imposé le modèle désormais universel de l'*homo œconomicus* avide et individualiste, uniquement soucieux de création et de captation de toujours plus de valeur marchande.

Le plus étrange dans l'affaire de la compassion médiatisée par le tourisme est que, justement, l'action compassionnelle détruit, en les exploitant, ces actifs humains qu'elle recherche. Valorisées pour leur authenticité, leur convivialité communautaire, leurs cultures profondément respectueuses de l'altérité, lors de leur mise en tourisme ces sociétés voient immédiatement détruites ces valeurs qui en constituaient l'attrait. Pour sortir de ce paradoxe, deux solutions s'offrent aux opérateurs touristiques : soit organiser et mettre en scène une authenticité désormais folklorisée et tarifée en répondant aux attentes des touristes consommateurs, soit aller chercher toujours plus loin de nouveaux territoires vierges à exploiter. On notera ici que les plus ouvertement cupides (les opérateurs marchands du tourisme de masse qui ne font pas mystère de leur objectif de gagner de l'argent ce qui est, d'ailleurs, la raison d'être de l'entreprise), ceux qui mettent en scène l'authenticité dans des spectacles folkloriques, ne sont pas forcément les plus dangereux. En effet en faisant ainsi entrer ces populations dans la voie du « développement », ils se fixent sur des territoires déjà déstabilisés aux populations désormais, en tout ou en partie, aliénées à l'économie monétaire et à la marchandisation de rapports sociaux anciennement basés sur le don et l'accueil altruiste fait aux visiteurs. Non, les plus dangereux sont ces opérateurs autodéclarés responsables ou solidaires, qui vont toujours plus loin semer ces germes corrosifs, qui sans cesse ouvrent de nouveaux territoires et soumettent de nouvelles communautés aux besoins, toujours inassouvis, que leur imposent leur compassion et les nécessités de ce qu'il faut bien appeler leur business. Afin d'offrir sans cesse de nouveaux espaces à investir à leurs clients en mal de véritable authenticité, ils repoussent toujours plus loin les frontières de leur pénétration dans une logique prédatrice d'exploitation minière des territoires et des populations qui y vivent. Cécité ou intérêt ? Les deux certainement.

Tout d'abord, plutôt que cécité, un certain aveuglement résultant de la conviction de la valeur morale des actions menées, sans qu'il soit perçu que celles-ci le sont au nom de la supériorité autodéclarée de l'homme occidental à savoir ce qui peut-être bon (ou bien) pour les sociétés visitées/assistées. Par l'assistance compassionnelle, l'homme occidental entend conférer ainsi une part de ses capacités aux populations récipiendaires, sans se préoccuper de savoir si ces prétendues capacités ont réellement un sens dans un contexte local au mieux méconnu, au pire méprisé : quelle est la pertinence de la capacité à faire de l'argent, à valoriser en les marchandisant des actifs dont l'essence même est basée sur la non-marchandisation, le don, l'altérité, le respect des autres, l'accès de tous aux ressources ?

Intérêt ensuite dans la mesure où ces terrains vierges offrent de magnifiques opportunités de gain aux marchands de tout type, qu'ils soient de compassion, de produits ou de services. Les actifs humains, culturels et territoriaux y sont libres d'accès, libres de tout droit de propriété, disponibles à la marchandisation par le biais de contrats léonins, généralement inintelligibles par des populations visitées qui se voient soudain proposer les misérables reliefs d'un banquet du développement auquel elles ne sont conviées que comme faire-valoir alors que d'autres s'y empiffrent sans hésiter à revendiquer la « responsabilité » de leurs actions, voire même à se prévaloir de démarches altruistes.

La vision du développement, nous l'avons dit, surtout lorsqu'il est entendu dans l'acception restrictive d'une croissance économique quantitative censée « développer » le bien-être de tous, perçu comme devant être un objectif commun de l'ensemble de l'humanité, résulte d'une appréciation hautement normative de ce qui peut-être bon ou juste. Définir ce qui nous paraît bon ou juste pour nous-mêmes est une chose, le définir et, plus encore, l'imposer aux autres est fondamentalement discutable et devrait, à tout le moins, ouvrir sur une interrogation concernant les relations dominants/dominés. C'est là certainement que prendrait tout son sens ce « souci de l'autre » revendiqué et brandi comme une bannière par les tenants de la compassion internationale.

En conclusion : tout ça pour quoi ?

« Le savon et l'éducation sont aussi meurtriers que les fusils, cela prend seulement un peu plus de temps ».
M. Twain

Et finalement tout ça pour quoi ? De quels résultats peut finalement se prévaloir le monde développé dans sa mission civilisatrice des sociétés vernaculaires ? Des résultats, certes, si l'on se préoccupe uniquement de la vision du développeur : il n'existe désormais pratiquement plus, sur l'ensemble de notre planète, de populations ayant pu échapper au rouleau compresseur de la civilisation marchande. Celles qui ont tenté de résister ont toutes été détruites, les autres asservies au prétexte de la libération de leurs blocages séculaires. Mais pour les « bénéficiaires » eux-mêmes, qu'en est-il réellement ? Il sera instructif ici, en guise de conclusion, de se pencher sur les analyses qui ont été faites des évolutions vécues par certaines populations autochtones anciennement mises au contact de la modernité. Contacts établis dans un premier temps sur le mode brutal de l'expropriation par les colons, puis de l'action civilisatrice des églises, et enfin de l'assistance compassionnelle institutionnalisée, publique ou privée.

On trouvera ici un intérêt à reproduire la vision d'un ancien « touriste », Alexis de Tocqueville, débarqué en Amérique en mai 1831 en compagnie de Gustave de Beaumont à la recherche, comme le seront plus tard les touristes modernes, de l'authenticité, de la liberté et de la grandeur sauvage « nous voulons la *wilderness* et n'osons trop l'avouer » pour être finalement confronté (déjà…) aux ravages de la civilisation sur les populations autochtones :

« À partir de New York et à mesure que nous avancions vers le nord-ouest, le but de notre voyage semblait fuir devant nous. Nous parcourions des lieux célèbres dans l'histoire des Indiens ; nous rencontrions des vallées qu'ils ont nommées; nous traversions des fleuves qui portent encore le nom de leurs tribus mais partout, la hutte du sauvage avait fait place à la maison de l'homme civilisé… - Et que sont devenus les Indiens, disais-je ? - Les Indiens, reprenait notre hôte, ils ont été je ne sais trop où, par-delà les Grands Lacs. **C'est une race qui s'éteint ; ils ne sont pas faits pour la civilisation : elle les tue**. C'est ainsi que, toujours en quête des sauvages et du désert, nous parcourûmes les 360 milles qui séparent New York de Buffalo. Le premier objet qui frappa notre vue fut un grand nombre d'Indiens, qui s'étaient réunis ce jour-là à Buffalo pour recevoir le paiement des terres qu'ils ont livrées aux États-Unis. Je ne crois pas avoir jamais éprouvé un désappointement plus complet qu'à la vue de ces Indiens. J'étais plein des souvenirs de M. de Chateaubriand et de Cooper et je m'attendais à voir dans les indigènes de l'Amérique des sauvages sur la figure desquels la nature avait laissé la trace de quelques-unes de ces vertus hautaines qu'enfante l'esprit de liberté, Je croyais rencontrer en eux des hommes dont le corps avait été développé par la chasse et la guerre et qui ne perdaient rien à être vus dans leur nudité. On peut juger de mon étonnement en rapprochant ce portrait de celui qui va suivre : les Indiens que je vis ce soir-là avaient une petite stature ; leurs membres, autant qu'on en pouvait juger sous leurs vêtements, étaient grêles et peu nerveux… **Leur physionomie annonçait cette profonde dépravation qu'un long abus des bienfaits de la civilisation peut seul donner. On eût dit des hommes appartenant à la dernière populace de nos grandes villes d'Europe**… Ils étaient couverts de vêtements européens ; mais ils ne s'en servaient pas de la même manière que nous. On voyait qu'ils n'étaient point faits à leur usage et se trouvaient encore emprisonnés dans leurs replis. Ces êtres faibles et dépravés appartenaient cependant à l'une des tribus les plus renommées de l'ancien monde américain. Nous avions devant nous, et c'est pitié de le dire, les derniers restes de cette célèbre Confédération des Iroquois dont la mâle sagesse n'était pas moins connue que le courage et qui tinrent longtemps la balance entre les deux plus grandes nations européennes. On aurait tort toutefois de vouloir juger la race indienne sur cet échantillon informe, ce rejeton égaré d'un arbre sauvage qui a crû dans la boue de nos villes.

Mais c'est le même sentiment impitoyable qui anime ici comme partout ailleurs la race européenne... Ce monde-ci nous appartient, ajoutaient-ils, Dieu, en refusant à ses premiers habitants la faculté de se civiliser, les a destinés par avance à une destruction inévitable. Les véritables propriétaires de ce continent sont ceux qui savent tirer parti de ses richesses. Satisfait de son raisonnement, l'Américain s'en va au temple où il entend un ministre de l'Évangile lui répéter que les hommes sont frères et que l'être éternel qui les a tous faits sur le même modèle, leur a donné à tous le devoir de se secourir. »[230]

Dans son analyse de la conquête européenne du monde[231], *L'an 501, la conquête continue*, Noam Chomsky nous rappelle qu'en 1883, un groupe de philanthropes humanistes américains se réunissait pour examiner les problèmes des Amérindiens. Lors d'une de ces séances, le sénateur Dawes décrivit ce qu'il avait trouvé lors d'un visite d'inspection en terre indienne : « il n'y avait pas un seul pauvre dans cette nation et la nation n'avait pas un seul dollar de dette. Elle a construit son propre Capitole, où nous avons effectué cette inspection ainsi que ses écoles et ses hôpitaux », il n'y avait pas une seule famille sans foyer. Malgré ce constat, ce peuple, bien que civilisé et avancé en apparence restait incapable de reconnaître « ses besoins humains élémentaires de consommer » et de dépasser ses voisins parce qu'il ne connaissait pas « l'ignoble maxime des maîtres ». Il concluait donc « ...et cependant, le défaut du système était évident. Ils sont allés jusqu'au bout de leurs possibilités, parce qu'ils détiennent leurs terres en commun. C'est le système d'Henry George et, dans ce cadre, aucune initiative n'est prise pour rendre son chez soi meilleur que celui des voisins. Il n'y a pas l'égoïsme qui est la base de la civilisation. Tant que ce peuple ne consentira pas à abandonner la propriété collective et à répartir les terres parmi ses citoyens de façon que chacun d'eux puisse posséder la terre qu'il cultive, il ne progressera pas beaucoup plus ». À la suite de ces déclarations, et afin de favoriser le « développement » économique, la propriété foncière

---

[230] Tocqueville, A. de (1831).

[231] Chomsky, N. (1995).

collective fut interdite ce qui permit aux colons étrangers de s'approprier les terres des indiens aboutissant au résultat que « leurs terres et leurs biens furent pillés ; quant à eux, ils furent dispersés dans des zones urbaines éloignées où ils connurent une pauvreté et une misère effroyables ».

Bien sûr, on ne peut assimiler les formes modernes de la compassion internationale et de l'aide au développement aux expropriations brutales des autochtones par les colons américains telles qu'elles ont été pratiquées depuis le début du XIXème siècle. Cependant, l'essentiel des remarques formulées par Alexis de Tocqueville concernant l'acculturation et la perte d'identité et de repères des populations colonisées demeure et c'est un constat quasiment identique que pourra faire, presque deux siècles plus tard, Majid Rahnema, chez les populations amérindiennes désormais non plus spoliées mais assistées :

« Mes différents voyages chez les Amérindiens m'ont révélé les effets corrosifs et paupérisants d'un progrès économique rapide sur les racines mêmes d'une grande civilisation qui n'avait jamais connu la misère »[232]. Il cite ainsi Virna Kirkness, amérindienne du Nord Canada et professeur à l'Université de Colombie Britannique (UBC) pour qui « ceux qui deviennent pauvres sont ceux qui ne peuvent plus préserver leur culture et leurs traditions. Ainsi **la pauvreté chez nous est-elle le lot des culturellement perdus** ». On retrouve la même analyse chez Jo-Anne Archibald, directrice de la First Nation House of Learning de l'UBC, qui considère que « pour ce qui est de notre nation, la technologie moderne est une des causes majeures de la production de pauvreté… Richesse pour nous n'avait jamais signifié acquisition d'objets matériels. Notre richesse résidait dans nos réponses à des questions bien plus importantes : qui sommes-nous ? Où allons-nous ? Sommes-nous sûrs de prendre la bonne terre rouge ? » et enfin Angie Todd-Dennis, coordinatrice du First Nations Health Care Professions Programme à l'UBC « A partir du moment où la vie urbaine moderne pousse

---

232 Rahnema, M. (2003).

les gens à croire que l'argent peut remplacer ce sens[233], où il devient plus important de s'enrichir pour ne pas tomber dans la pauvreté, tous les systèmes de communication que nous ont légués nos ancêtres s'écroulent. Du coup, disparaissent également les connexions spirituelles et morales qui créent et maintiennent la richesse des relations humaines »[234].

Ainsi dévasté, le lien social se recrée à travers de nouvelles pratiques comme par exemple l'alcoolisme. Bernard Roy, anthropologue ayant une longue expérience de vie auprès des amérindiens du Québec, nous indique, après avoir exclu les explications purement médicales, biologiques ou génétiques souvent avancées par les tenants de l'infériorité de l'indien, que ce phénomène d'addiction doit être perçu autant comme un vecteur de résistance à l'exclusion que comme une expression du désir de demeurer inclus dans la contemporanéité et de préserver son insertion sociale dans le groupe[235]. L'alcoolisme devient ainsi le vecteur d'une double *identité meurtrière* : celle de l'amérindien déficient socialement aux yeux des américains non autochtones, celle de l'amérindien lui-même qui trouve dans l'alcoolisme un nouveau lien social au point que, chez les Algonquins du Canada, on en arrive au cas extrême, stupéfiant, où la désintoxication peut être perçue comme « une rupture dans les liens sociaux, et en particulier dans les liens de parenté »[236]. L'alcool comme substitut au lien social antérieur détruit par les bouleversements du « développement » imposé... Belle réussite !

Ainsi, face aux traumatismes des premiers contacts avec la modernité, l'alcool aurait « permis de résoudre les conflits tout en assurant la cohésion interne en portant le blâme sur une force extérieure à la communauté »[237]. Face à la perte des valeurs antérieures et à la destruction des liens sociaux, l'acte de boire

---

233 Le sens du partage.

234 Rahnema, M. (2003).

235 Roy, B. (2005).

236 Bousquet, M.-P. (2005).

237 Dickinson, J. A., 1993, cité par Bousquet, M.-P. (2005).

deviendrait « un acte humain total qui convoque l'homme dans sa totalité… Il est au cœur de rencontres sociales, de la création de liens, de la construction de solidarités et plus particulièrement de la reconnaissance, de la distinction et de l'identification du camp des 'Uns' versus celui des 'Autres' »[238]. Ce type de comportement a d'ailleurs été constaté en d'autres lieux, comme par exemple chez les dockers du Havre où Castelain constate que les racines de l'alcoolisme se retrouvent dans le rejet et le mépris dont peuvent pâtir certains groupes et dans leur tentative de se recréer une identité : « Nous les pauvres on n'existe pas, on n'est rien, et c'est pour ça qu'on boit, pour être quelque chose en se serrant les coudes »[239]. Par une convention collective tacite, apparue en réaction aux agressions extérieures, se créent ainsi progressivement de nouvelles traditions et de nouvelles *identités meurtrières*, pour reprendre encore une fois le terme inventé par Amin Maalouf, dont on peut craindre qu'elles viendront s'enkyster et s'imposer aux générations futures, générant ainsi de nouvelles « normalités » parfaitement illustrées par l'exemple donné par Bernard Roy du Grand Chef des Premières Nations du Canada, Mattew Coon Come, qui s'éleva en 2001 contre les comportements addictifs de son peuple - alcool, drogue et cigarette - et fut immédiatement mis en minorité puis déchu de ses fonctions en 2003.

On constate ainsi que les amérindiens les plus attirés par l'alcool auraient été ceux dont la cohésion sociale avait été la plus effritée au contact de la religion catholique, Catherine Ferland ayant, sur la base de ce constat, forgé le néologisme d'**alcoolonialisme**[240]. Ainsi, « les missionnaires causèrent un tort immense car en s'attaquant aux croyances, qui définissaient les codes moraux de conduite, et en interdisant de conter les mythes, ils détruisaient les schèmes de représentation de l'éthique algonquine » ce qui induisait finalement « l'usurpation de la fonction paternelle algonquine et, par là, la déchéance du

---

238 Roy, B. (2005).

239 Castelain, J.-P. (1989).

240 Bousquet, M.-P. (2005).

sujet masculin adulte »[241] . On relèvera par ailleurs que le mythe de l'infériorité des autochtones avait été légalisé et institutionnalisé par l'instauration de la Loi sur les Indiens, promulguée en 1876, qui considérait les Amérindiens comme des mineurs et leur interdisait la consommation d'alcool. Par cette réglementation, le législateur avait ainsi créé les conditions de la transgression en transcendant l'addiction à l'alcool comme un acte de lutte contre l'agresseur extérieur et en transmuant ceux qui s'y adonnaient en quasi héros... Le refus de consommer de l'alcool, ou le désir d'arrêter, devient alors une injure faite au groupe, injure qui conduira à l'exclusion : « tu veux être fier comme un Blanc », propulsant ainsi l'individu concerné dans un non-lieu entre deux cultures, l'isolant dans une véritable tombe sociale.

Les comportements pathologiques des Algonquins, apparus au cours du XIXème siècle au contact des occidentaux, ne firent que s'aggraver avec leur sédentarisation et leur passage à un mode de vie plus « moderne » au cours du XXème siècle. Devenus des intrus sur leur propre territoire, sédentarisés dans des réserves, scolarisés et « éduqués » dans des pensionnats, financièrement assistés par un système de prestations sociales à partir des années 60, les Algonquins ont alors été confrontés à un malaise social généralisé qui s'est traduit par une augmentation de la violence parallèlement à celle de la dépendance économique et par une explosion du nombre de viols, d'incestes, de maltraitances et de suicides[242], ce qui a conduit certains chercheurs à parler de « société désintégrée ». Désocialisés dans les pensionnats, coupés des structures et des règles parentales et éduqués suivant des normes qui leur étaient totalement étrangères, les jeunes Algonquins de retour dans leurs villages se sont retrouvés totalement coupés de leur société d'origine, alors même qu'ils n'étaient considérés que comme des citoyens mineurs et assistés par la société moderne, celle-là même qui avait

---

241 Leroux J., 1995, cité par Bousquet, M.-P. (2005).

242 Globalement, chez les populations autochtones du Québec, le taux de suicide est trois à cinq fois plus élevé que dans le reste de la population. Leroux, J. (1995).

procédé à leur aliénation et leur déracinement. À partir des années 60/70, l'assistance se transformera progressivement en mise sous tutelle. Le plus intéressant pour ce qui concerne notre propos est que, après de nombreux échecs, la lutte contre l'alcoolisme semble puiser de nouvelles forces dans le renouveau de la spiritualité indienne, dans la reconstruction d'une identité perdue et le retour à un équilibre physique, psychologique et spirituel basé sur les traditions, celles-là même qui avaient été combattues au nom du « développement » et de la modernité…

En effet, afin de faire renaître chez les Indiens la fierté de leur identité et les débarrasser des fléaux de la drogue et de l'alcoolisme, des thérapies basées sur le renouveau de la spiritualité panindienne ont été initiées. Elles sont « axées sur la résolution du conflit Blancs/Indiens par la réactivation de la frontière identitaire entre les deux et sur la promotion des valeurs dites autochtones : la sobriété, l'honnêteté, le respect, le partage » et sont articulées autour de la présentation suivante de l'histoire de l'aliénation algonquine :

« (1) Avant la conquête, les Amérindiens vivaient en équilibre avec la nature et l'alcool n'existait pas, parce que personne n'en avait besoin.

(2) Puis les Blancs sont arrivés au Canada, parce qu'ils étaient avides et voulaient s'approprier des terres alors que les Amérindiens ne connaissaient pas la propriété privée. Les Amérindiens ont bien accueilli les Blancs parce qu'ils étaient hospitaliers. Mais les Blancs les ont traités de sauvages et se sont servis de l'alcool pour les affaiblir et les tromper.

(3) Les Amérindiens ont dû quitter leur territoire et vivre dans des réserves. Ils sont devenus malades à cause de la pollution et du mode de vie de moins en moins naturel. Ils ont été infériorisés et se sont renfermés sur eux-mêmes. Ils doivent donc redevenir autonomes, protéger la Terre-Mère et rejeter l'alcool et les drogues. L'alcool et la drogue sont donc non indiens, ils provoquent des attitudes non indiennes. »[243].

---

243 Bousquet, M.-P. (2005).

Face à l'échec patent du *développement imposé*, ces thérapies s'articulent autour d'une reconstruction de l'identité détruite, d'une tentative de retour à la situation antérieure si tant est que cela soit, dans une certaine mesure tout au moins, possible. Entre-temps, plusieurs générations auront été perdues…

Les exemples de ce qui est advenu aux peuples amérindiens, mais nous aurions aussi bien pu en prendre d'autres chez les populations aborigènes d'Australie, chez les Maoris de Nouvelle Zélande, en Afrique ou ailleurs, montrent clairement les risques encourus par de telles évolutions, imposées et non choisies, par la perte des repères identitaires et culturels, l'abandon des pratiques ancestrales et le mal-être qui en est résulté. Qui pourrait prétendre, au regard de ces situations déplorables, que ces peuples se retrouvent à présent plus « développés » que ce qu'ils étaient auparavant… Sans doute Ralph Newcomb, le copain claudiquant d'Edward Abbey, avait-il fondamentalement raison lorsqu'il avançait que l'homme blanc avait en fait introduit la « syphilisation » chez les Indiens. Syphilisation autant morale et culturelle que physique[244].

Enfin quel individu raisonnable, entendons par là « doué de raison », pourrait sérieusement considérer comme valant modèle pour l'humanité un système de « développement » qui, nous rappelle Emmanuel Lévinas, a conduit à « la destruction de tout équilibre entre la théodicée explicite et implicite de la pensée occidentale et les formes que la souffrance et son mal puisent dans le déroulement même de ce siècle. Siècle qui en trente ans a connu deux guerres mondiales, les totalitarismes de droite et de gauche, hitlérisme et stalinisme, Hiroshima, le goulag, les génocides d'Auschwitz et du Cambodge. Souffrance et mal imposés de façon délibérée, mais qu'aucune raison ne limitait dans l'exaspération de la raison devenue politique et détachée de toute éthique. »[245]

244 Abbey, E. (2010).

245 Lévinas, E. (1991).

Nous conclurons enfin par une dernière illustration de cette aliénation dans une publicité de l'ONG CCFD Terre Solidaire parue dans Marianne n° 779 du 24 mars 2012. Montrant un couple de pêcheurs Sri Lankais, celle-ci énonce « Ceci n'est pas un couple de pêcheurs pauvres du Sri Lanka, ce sont deux collègues qui défendent les droits des travailleurs » et conclut « Le Sud mérite mieux que nos clichés, **faites un don**… ».

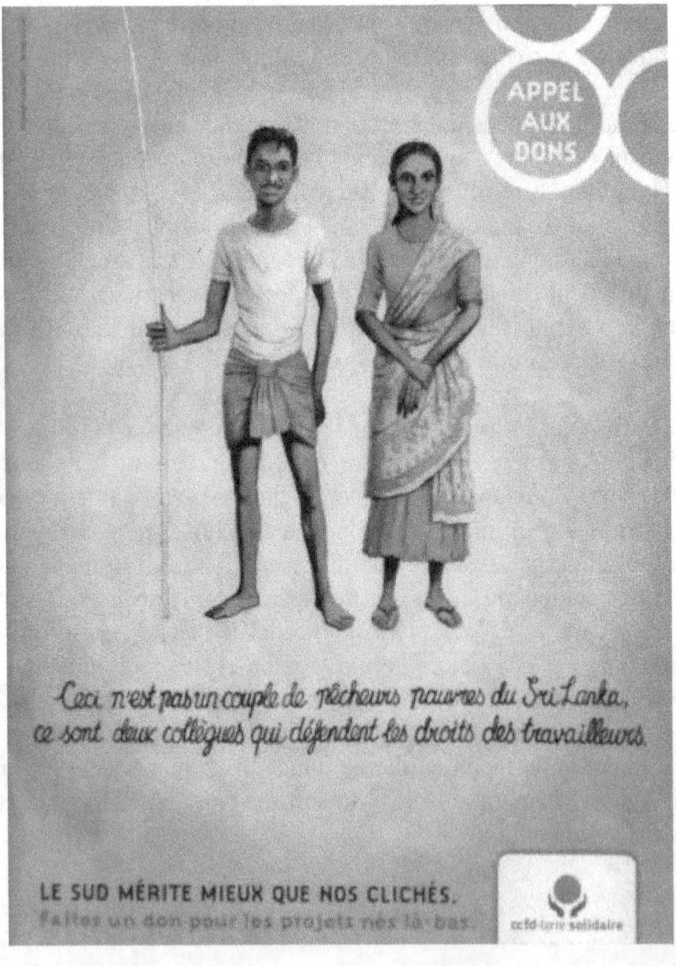

Tout est ici résumé : voir les pêcheurs du Sri Lanka comme des pêcheurs du Sri Lanka relèverait, pour cette ONG humanitaire, d'un cliché coupable, d'une ignorance d'ignare. L'ONG, elle, possède l'expertise lui permettant de savoir que, même si ces pêcheurs sri lankais se considèrent eux-mêmes comme des pêcheurs sri lankais, il ne s'agit en fait que de prolétaires du tiers monde, de « collègues » en misère. Il faut donc tout mettre en œuvre pour les normaliser, leur faire prendre conscience de leur « pauvreté » et les transformer en partenaires militants. Nul doute qu'ils en seront considérablement plus heureux et que cela justifie pleinement l'injonction finale « faites un don… ! »… à l'ONG, bien évidemment…

Un don qui permettra à ces « sous-développés », à ces populations « attardées » de ramer vers le phare du « développement » comme l'illustre la page de couverture du Rapport Mondial sur le Développement 2014 de la Banque Mondiale.

Postscriptum :

Je termine ces lignes dans une petite oasis des confins du Sahara en me remémorant un article du 3 février 2012 du journal « Le Quotidien » de Tunisie qui titrait en première page sur la saisie par le service des Domaines de l'État de quelques uns des innombrables avoirs de l'ancien président Zine El Abidine Ben Ali : 233 propriétés foncières, 34 voitures et 48 yachts. Le Ministère des Finances ainsi que la Banque Centrale de Tunisie s'évertuaient alors à recenser les possessions en liquide et en devises stockées dans le monde par l'ancien président : plusieurs milliards d'euros d'après les estimations du moment. Tout ceci ne suffisant pas à leur bonheur, le président et sa famille continuaient à spolier et piller le pays pour accumuler toujours plus…

Je me souviens également que, ce même jour, nous avions retrouvé notre ami Béchir dans son petit village de Bédouins sédentarisés près de la frontière. Nous étions partis dans le désert avec des burnous et des tapis de tente, sa femme et les enfants de la maison. Il y avait du pain tabouna, de l'huile d'olive, du lait, des dattes et du thé. Nous avons parlé, allongés sur la dune, et les enfants jouaient. C'est tout…

Références[246]

Abbey, Edward (*1968* / 2010) *Désert solitaire*. Gallmeister : Nature Writing. 338 p.

Accardo, Alain ; Corcuff, Pierre (1980) *La sociologie de Bourdieu. Textes choisis et commentés*. Lormont : Le Mascaret. 224 p.

Amin, Samir (1989) *La faillite du développement en Afrique et dans le tiers-monde : une analyse politique*. Paris : L'Harmattan. 380 p.

Atkinson, Antony Barnes (2003) Multidimensional Deprivation: Contrasting Social Welfare and Counting Approaches. *Journal of Economic Inequality*, 1, pp. 51-65.

Balandier, Georges (1956) *Le tiers monde, sous-développement et développement*. Paris : PUF. 393 p.

Baneth, Jean (1998) Les indicateurs synthétiques de développement. *Futuribles*, 231, pp. 5-27.

Banque Mondiale *Rapport sur le développement dans le monde*. Publication annuelle, Washington.

Beaumarchais, Pierre-Augustin Caron de (*1792* / 2009) *La mère coupable*. Numilog. Ebook 9999999344.

Bellamy, Edward (1888) *Loocking Backward, from 2000 to 1887*. London, New York : Ward Lock and Co.

Bevan, David ; Werhane Patricia (2010) Stakeholder Theory. In Painter-Morland M. and Ten Bos R., 2010. *Business Ethics and Continental Philosopy*. Cambridge : Cambridge University Press.

Blanchard, Olivier ; Leigh, David (2013) *Growth Forecast Errors and Fiscal Multipliers*, International Monetary Fund, Working Paper 13/1.

Blangy, S. ; Epler-Wood, M. (1993) Developing and implementing ecotourism guidelines for wildlands and neighboring communities. In *Ecotourism: A Guide for Planners and Man-*

[246] La bibliographie est établie suivant les normes ISO 690-1 (AFNOR Z 44-005) de décembre 1987 et ISO 690-2 de février 1998.

agers. North Bennington : K. Lindberg and D. E. Hawkins. The Ecotourism Society. pp. 32-54.

Bodin, Jean (1577/2009) *Les six livres de la République*. Paris : Jacques du Puis. 1060 p. Google Books.

Bourdieu, Pierre ; Passeron, Jean-Claude (1970) *La reproduction : Éléments d'une théorie du système d'enseignement.* Paris : Les Éditions de Minuit. 284 p. (Le sens commun)

Bourdieu, Pierre (1980) *Questions de sociologie*. Paris : Editions de Minuit. 271 p.

Bourdieu, Pierre (1982) Ce que parler veut dire. *Libération*, 19 octobre 1982, p.28.

Bousquet, Marie-Pierre (2005) La production d'un réseau de sur-parentalité : histoire de l'alcool et désintoxication chez les Algonquins. *Drogues, santé et sociétés*, vol. 4, n° 1, pp. 129-173.

Bowen, Howard (1953) *Social Responsibilities of the Businessman.* New York : Harper and brothers. 276 p.

Caire, Gilles (2003) Une évaluation critique de la politique de développement durable du groupe Accor. *5èmes journées françaises de l'Evaluation : Evaluation et développement durable*. Limoges, 28 et 29 octobre 2003. 12 p.

Canto-Sperber, Monique (2004) *Dictionnaire d'éthique et de philosophie morale*. Paris : PUF. 2199 p.

Cardon (2012) *La véridique histoire des compteurs à air.* Paris : Les Cahiers Dessinés. 160 p.

Carroll, Archie ; Shabana, Kareem (2010) The Business Case for Corporate Social Responsibility: A Review of Concepts, Research and Practice. *International Journal of Management Reviews,* 275, pp. 85-105.

Cassell, C. ; Johnson, P. ; Smith, K. (1990) Opening the black box: corporate codes of ethics in their organizational context. *Journal of Business Ethics*, vol.16, pp. 1077-1093.

Castelain, Jean-Pierre (1989) *Manières de vivre, manières de boire : alcool et sociabilité sur le port*. Paris : Imago. 166 p.

Cavanagh, G. F. ; Moberg, D. J. ; Velazquez, M. (1981) The ethics of organizational politics. *Academy of management review*, 6(3), pp. 363-374.

Chambers, Robert (1995) *Poverty and livelihoods : whose reality counts ?* Brighton : IDS Discussion paper, n° 347. 53 p.

Chen, Shaohua ; Ravallion Martin (2008) *The Developing World Is Poorer Than We Thought, But No Less Successful in the Fight against Poverty*. The World Bank Development Research Group. Policy Research. Working Paper 4703. 44 p.

Chomsky, Noam (1995) *L'an 501, la conquête continue*. Montréal : Ecosociété. 363 p.

Cioran, Emile (1991) *Sur les cimes du désespoir*. Paris : Livre de Poche. 126 p. (Biblio Essais n° 4139)

CNUCED (2010) *Les Pays les Moins Avancés, rapport 2010*. 390 p.

CNUCED (2011) *Rapport 2011 sur les Pays les Moins Avancés- Aperçu général*. 21 p.

CNUCED (2014) *Rapport 2014 sur les Pays les Moins Avancés- Aperçu général*. 27 p.

Collectif (1972) *De l'ethnocide*. Paris : 10/18. 447 p.

Collombon, Jean-Marie (2004) Tourisme et développement, inéluctable évolution. In Collombon, J.-M. ; Barlet, S. ; Ribier, D. *Tourisme solidaire et développement durable*. Groupe de Recherche et d'Echanges technologiques. Saint-Etienne : GRET. pp. 11-19.

Dalla Costa, John (1998) *The ethical imperative : why moral leadership is good business*. Reading MA : Perseus Publishing. 368 p.

De Haan, A. (1998) Social exclusion : an alternative concept for the study of deprivation ? *IDS Bulletin*, vol. 29, n°1, pp 10-19.

Desrosières, A. (2000) *La politique des grands nombres. Histoire de la raison statistique*. Paris : La Découverte. 457 p. (Poche)

Donaldson, T. ; Dunfee, T. W. (1994) Towards a unified conception of business ethics: integrative social contracts theory. *Academy of management review*, 19(2), pp. 252-284.

Duterme, Bernard (2013) Economie verte : marchandiser la planète pour la sauver ? Points de vue du Sud. CETRI, *Alternatives Sud*, vol. 20, n°1, mars 2013. 191 p.

Etchegoyen, Alain (1991) *La valse des éthiques*. Paris: François Bourin. 224 p.

Finkielkraut Alain (1996) *L'humanité perdue, essai sur le XXème siècle*. Paris : Seuil. 170 p.

Fiol, C. Marlene (2001) Revisiting an Identity-Based View of Sustainable Competitive Advantage. *Journal of Management*, vol. 27, n° 6, pp. 691-699.

Fiol, C. Marlene (2002) Capitalizing on Paradox : The Role of Language in Transforming Organizational Identities. *Organization Science*, vol. 13, n°6, pp. 653-666.

Fennell D., Malloy D. C. (1999) *Measuring the ethical nature of tourism operators*. 9th Canadian Congress on Leisure Research, 12-15 may 1999, Arcadia University, Wolfville.

Fennell, D. A. ; Malloy, D. C. (1995) Ethics and ecotourism: a comprehensive ethical model. *Journal of Applied Recreation* Research, vol. 20, n°3, pp. 163-183.

Fombrun, C. (1996) *Realizing value from corporate image*. Boston MA : Harvard Business School Press. 464 p.

Ford, Robert C. ; Richardson, Woodrow D. (1994) Ethical decision making : a review of the empirical literature. *Journal of Business Ethics*, vol. 13, n° 3, pp. 205 – 221.

Fourier, Joseph (1809) *La Description de l'Egypte ou Recueil des observations et des recherches qui ont été faites en Egypte pendant l'expédition de l'armée française. Publié par les ordres de Sa Majesté l'Empereur Napoléon le Grand*. Paris : Imprimerie Impériale.

France Anatole (1901) *Monsieur Bergeret à Paris*. Paris : Calmann Lévy. 404 p.

Frangialli, Francesco (2001) *Allocution du Secrétaire général de l'OMT, à la Troisième Conférence des Nations Unies sur les Pays les Moins Avancés (PMA), Commerce international, marchandises et services*. Bruxelles, 17 mai 2001.

Frangialli, Francesco (2003) *La crise de la mondialisation : comment la communauté internationale peut-elle rendre durable le développement du tourisme ?* OMT. Chamonix, France, 3-5 décembre 2003.

Freeman, R. Edward (1984) *Strategic Management: a Stakeholder Approach*. Boston : Pitman Series in Business and Public Policy. 275 p.

Freeman, R. E. ; Wicks A. C. ; Parmar B. (2004) Stakeholder theory and the "Corporate Objective Revisited". *Organization Science*, vol. 15/3, may/june 2004, pp. 364-369.

Friedman, M. (1970) The social responsibility of business is to increase profit. *New York Times Magazine*, 13 septembre, p. 33.

Ford, R.C. ; Richardson, W.D. (1994). Ethical decision making: A review of the empirical literature. *Journal of Business Ethics,* 13, pp. 207-224.

Gadrey, Jean (2002) *De la croissance au développement : à la recherche d'indicateurs alternatifs*, Working Paper, 17 juin 2002, 37 p.

Genot, H. (1995) Voluntary environmental codes of conduct in the tourism sector. *Journal of Sustainable* Tourism, vol.3, n°1, pp.166-172.

Geremek, Bronislaw (2002) *Tendances séculaires en Europe à l'égard des populations les plus pauvres : défis à relever.* Journées d'études prospectives d'ATD Quart Monde, 24 et 25 janvier 2002.

Goodwin, H. (2007) *Advances in responsible tourism.* International Center for Responsible Tourism. Occasional paper n° 8. Leeds Metropolitan University, UK, 8 p.

Granovetter, M. (2000) *Le marché autrement.* Paris : Desclée de Brouwer. 238 p. (Sociologie économique)

Habermas, J. (1992) *De l'éthique de la discussion.* Paris : Cerf. 202 p. (Passages)

Hardy, G. (1921) *La mise en valeur du Sénégal de 1817 à 1854.* Paris : Larose. 376 p.

Hill, R. P. ; Cassill, D. L. (2004) The natural view of the corporation and its social responsibility : An extension of the Frederick model of corporation-community relationships. *Business and society review*, vol. 109 (3), pp. 281-296.

Illich, Ivan (1973) *La convivialité.* Paris : Le Seuil. 157 p.

Kant, Emmanuel (1785) *Fondements de la métaphysique des mœurs.* 102 p.

Karwacki, J. ; Boyd, C. (1995) Ethics and ecotourism. *Business Ethics*, vol.4, n°4, pp. 225-232.

Kok, T. ; Van der Wiele, T. ; McKenna, R. ; Brown, A. (2001) A Corporate Social Responsibility Audit within a Quality Management Framework. *Journal of Business Ethics*, vol. 31, n° 4, pp. 285-297.

Kuzyk, N. (2008) *Le développement est-il durable ?* Université de Sherbrooke, Canada : Centre universitaire de formation en environnement. 85 p.

Kymlicka, W. (1988) Rawls on teleology and deontology. *Philosophy and public affairs*, vol. 17, n° 3, pp. 173-190.

Lautier, Bruno ; Salama Pierre (1995) De l'histoire de la pauvreté en Europe à la pauvreté dans le Tiers Monde . *Tiers-Monde*, vol. 36, n°142, pp. 245-255.

L'Etang, J. (1992) A Kantian approach to codes of ethics. *Journal of Business Ethics*, vol.11, pp. 737-744.

Lévi-Strauss, Claude (2002) *Race et histoire, race et culture*. Paris : Albin Michel. 173 p.

Lévinas, Emmanuel (1991) *Entre nous. Essais sur le penser-à-l'autre*. Paris : Grasset. 253 p.

Litz, R. A. (1996) A resource based view of the socially responsible firm: stakeholder interdependence, ethical awareness and issue responsiveness as strategic assets. *Journal of business ethics*, vol. 15, pp. 1355-1363.

Maalouf, Amin (2001) *Les identités meurtrières*. Paris : Le livre de poche. 189 p.

MacDonald, J. E. ; Beck-Dudley C. L. (1994) Are deontology and teleology mutually exclusive? *Journal of Business Ethics*, vol. 13, pp. 615-623.

Malloy, D. C. ; Fennel D. A. (1998) Codes of ethics and tourism: An exploratory content analysis. *Tourism Management,* vol. 19, n°5, pp. 453 461.

Malthus, Thomas Robert (1798/1999) *Essai sur le principe de population*. Paris : Flammarion. 480 p.

Mason, P. ; Mowforth, M. (1995) Codes of conduct in tourism. *Occasional Papers in Geography*, no. 1, University of Plymouth : Department of Geographical Sciences.

Mauss, Marcel (1925/2012) *Essai sur le don*. Paris : PUF. 252 p. (Quadrige)

Minvielle, Nicolas ; Minvielle, Jean-Paul (2010) *Le design d'expérience*. Bruxelles : De Boeck. 194 p.

Minvielle, Jean-Paul ; Minvielle, Nicolas (2010) Le tourisme au Sahara : pratiques et responsabilités des acteurs. *Management et Avenir,* n°33, pp. 168-184.

Minvielle, Jean-Paul (2009) Tourisme au Sahara et imaginaires sahariens. *Anthropos, International Revue of Anthropology and Linguistics*, n° 104/2009, pp. 383 - 398.

Minvielle, Jean-Paul ; Smida, Mounir ; Majdoub, Wided (2009) *Tourisme saharien et développement durable : enjeux et approches comparatives*. Actes du colloque international « Tourisme et développement ». Tozeur (Tunisie), 9 au 11 novembre 2007. Tunis : Imprimerie Officielle de Tunisie. 646 p.

Minvielle, Jean-Paul ; Bry, Xavier (2003) Critique de l'Indicateur de Pauvreté Humaine du PNUD et proposition d'un Indice Synthétique de la Pauvreté Humaine (ISPH). *Les Cahiers du C3ED*, février 2003, 26 p.

Mollat, M. (1974) *Etudes sur l'histoire de la pauvreté jusqu'au XVIème siècle*. Paris : Publications de la Sorbonne. T. 8.

Monod, J. (1972) L'ethnocide à Lima, in *De l'ethnocide*, UGE 10/18, pp. 369-393.

Montaigne, Michel de (1595/1973) *Les Essais*. Paris : Gallimard. 640 p. (Folio)

Murphy, Anne (1994) The Seven (Almost) Deadly Sins of High-Minded Entrepreneurs *Inc. Magazine*, n° 16 (July 1994) pp. 47-51.

Nations Unies (2011) *Objectifs du Millénaire pour le Développement, Rapport 2011*. New York. 72 p.

Necker, Jacques (1821) *Cours de Morale Religieuse*. In Œuvres complètes de M. Necker publiées par M. le Baron de Staël, Tome 13. Paris : Treuttel et Würtz Libraires.

Nietzsche F. (1883) *Ainsi parlait Zarathoustra*. Paris : Le Livre de Poche. 410 p. (Classiques)

OCDE (2001) *Du bien-être des nations, le rôle du capital humain et social*. Paris : OCDE. 140 p.

OCDE (2012) *Perspectives de l'environnement de l'OCDE à l'horizon 2050 : les conséquences de l'inaction*. Paris : OCDE. 390 p.

O'Neill, John (1993) *Ecology, policy and politics : Human Well-being and the Natural World*. Londres : Routledge. 227 p.

Pascal, Blaise (1835) *Pensées de blaise Pascal rétablies suivant le plan de l'auteur*. Dijon : Victor Lagier libraire. 515 p.

Payne, D. ; Dimanche, F. (1996) Towards a code of conduct for the tourism industry: an ethics model. *Journal of Business Ethics*, vol.15, pp. 997-1007.

Perroux, François (1964) *L'Economie du XXème siècle*. Paris : PUF. 692 p.

Polanyi, Karl (1944/1983) *La grande transformation*. Paris : Gallimard. 419 p. (Bibliothèque des sciences humaines)

PNUE (2011) *Towards a Green Economy : Pathways to Sustainable Development and Poverty Eradication.* UNEP. 631 p.

Procacci, Giovanna (1993) *Gouverner la misère. La question sociale en France, 1789-1848*. Paris : Seuil. 361 p.

Ravallion, Martin (1996) *Comparaisons de la pauvreté : concepts et méthodes*. Washington : Banque Mondiale. Document de travail LSMS. 162 p.

Reclus, Elisée (1905) *L'homme et la Terre*. Paris : Librairie Universelle. 6 vol.

Rees, William E. (1992) Ecological footprints and appropriated carrying capacity: what urban economics leaves out. *Environment and Urbanisation*, vol.4, n°2, pp. 121–130.

Renaud, R. (1972) On n'a jamais découvert l'Amérique, on l'a niée. In *De l'ethnocide*. Paris : 10/18. pp. 7-35.

Ricœur, Paul (2004) *Parcours de la reconnaissance*. Paris : Stock. 387 p. (Les Essais)

Rist, Gilbert (1980) A quoi bon le développement ? Remarques critiques sur des évidences incertaines. *Philosophica*, vol. 25, pp. 75-96.

Rist, Gilbert (1997) *Le développement, histoire d'une croyance occidentale*. Paris : Presses de Science Po. 442 p.

Rist, Gilbert (slnd). Interview par Frederic Dufoing. *Revue Jibrile*.

Ronald, P. H. ; Cassil, D. L. (2004) The Naturological View of the Corporation and Its Social Responsibility: An Extension of the Frederick Model of Corporation–Community Relationships. *Business and Society Review*, vol. 109, n°3, pp. 281-296.

Rousseau, Jean-Jacques (1762) *Emile ou De l'Education.* www.gallica.bnf.fr.

Rousseau, Jean-Jacques (1761) *Julie ou la Nouvelle Héloïse. Lettres de deux amans, habitans d'une petite ville au pied des Alpes*. www.rousseauonline.ch.

Rowntree, Seebohm (1901) *Poverty, a study of town life*. Londres : Macmillan and Co. 437 p.

Roy, Bernard (2005) La production d'un réseau de sur-parenté : histoire de l'alcool et désintoxication chez les Algonquins. *Drogues, santé et société*, vol. 4, n°1, pp. 129-173.

Sachs, Wolfgang (1992) *The Development Reader. A Guide to Kowledge and Power*. Londres : Zed Books. 306 p.

Sahlins, Marshall (1976) *Age de pierre, âge d'abondance. L'économie des sociétés primitives*. Paris : Gallimard. 420 p. (Bibliothèque des sciences humaines)

Saint Augustin d'Hippone (*400*) *Retractations. Commentaires sur les lettres aux Galates et aux Romains*. I, C. 15, qu. 1, c. 12, *princip.*

Saint Bonaventure (1221-1274) *Sentences*. Livre III.

Saint Ouen (1851) *Vie de Saint Eloi, évêque de Noyon et de Tournai par Saint Ouen, évêque de Rouen*. Paris : Librairie J. Lefort. 310 p.

Sauvy, Alfred (1952) Trois mondes, une planète. *France-Observateur*, 14 août 1952, n°118, p. 14.

Schéou, Bernard (2009) *Du tourisme durable au tourisme équitable : quelle éthique pour le tourisme de demain ?* Bruxelles : DeBoeck. 311 p. (Les métiers du tourisme)

Schopenhauer, Arthur (1819/1991) *Le Monde comme volonté et comme représentation.*

Schroeder, M. (2007) Theleology, agent-relative value and 'good'. *Ethics*, january 2007, pp. 265-295.

Schumacher, Ernst F. (1973) *Small is beautiful : a study of economics as if people mattered*. London : Blond and Briggs. 288 p.

Schumpeter, Joseph (1912) *The theory of economic development*. Cambridge : Harvard University Press.

Sen, Amartya (1999) *Evaluer le développement humain*. PNUD, Rapport mondial sur le développement humain 1999. Paris : De Boeck Université. p. 23.

Sen, Amartya ; Drèze, Jean (1991) *The political economy of hunger*. Oxford : Clarendon Press. 3 vol. : I-492 p., II-400 p., III-385 p.

Sen, Amartya (1990) *Poverty and famines, an essay on entitlement and deprivation.* Oxford : Oxford University press. 272p.

Sen, Amartya (1985) *Commodities and capabilities.* Oxford, Lectures in economics.130 p.

Simmons, Dan (1992) *L'échiquier du mal.* Paris : Denoël. Tome 1, 681 p. (Folio SF)

Sims, R. (1991) The institutionalization of organizational ethics. *Journal of Business* Ethics, vol.10, pp. 493-506.

Smil, Vaclav (2014) Hoping for China's success. *The Journal of the American Enterprise Institute.* Mars 2014.

Smith, Adam (1776/1999) *Recherches sur la nature et les causes de la richesse des nations.* Paris : Flammarion. Vol. 1 : 531 p., vol. 2 : 637 p.

Spector, B. (2008) Business responsibilities in a divided world: the cold war roots of the corporate social responsibility movement. *Enterprise & Society*, vol. 9, pp. 314-336.

Stiglitz (2010) *Le triomphe de la cupidité.* Paris : Les Liens Qui Libèrent. 473 p.

Streeten, Paul (1995) Le développement humain, le débat autour de l'indicateur. *Revue internationale des sciences sociales,* UNESCO, mars 1995.

Stevens, B. (1994) An analysis of corporate ethical code studies: Where do we go from here? *Journal of Business Ethics*, vol. 13, pp. 63-69.

Sundaram, A. ; Inkpen A. (2004) The corporate objective revisited. *Organization Science*, vol.15, n°3, pp. 350-363.

Suret-Canale, Jean (1964) *Afrique noire, l'ère coloniale 1900-1945.* Paris : Editions sociales. 632 p.

Talbi, Mohamed (2011) *L'islam n'est pas voile, il est culte.* Tunis : Carthaginoiseries. 410 p.

Tocqueville, Alexis de (1831) *Quinze jours dans le désert américain.,*

Truman, Harry S. (1949) Traduction proposée par G. Rist, 1997, à partir des *Public Papers of the Presidents of the United States, Year 1949, 5,* United States Government Printing Office, 1964.

Urbain, Jean-Didier (2002), *L'idiot du voyage : histoires de touristes.* Paris : Payot. 368 p. (Petite Bibliothèque)

Urbain, Jean-Didier (2003), *Secrets de voyage. Menteurs, imposteurs et autres voyageurs impossibles*. Paris : Payot. 445 p. (Petite Bibliothèque)

Veblen, Thorstein (1899) *Théorie de la classe de loisirs*. Paris : Gallimard. 322 p.

Verdier, Alain (2008) *Peregrinus mundi, récits d'errance*. Rennes : Terre de Brume. 160 p.

Viveret, Patrick (2002) *Reconsidérer la richesse*. Rapport au Secrétaire d'État à l'Economie Solidaire, Guy Hascouët. Janvier 2002. 135 p.

Wackernagel, Mathis ; Rees William (1996) Our ecological footprint : reducing human impact on the earth. *The new catalyst bioregional series*. New Society Publisher, Canada. 178 p.

Waddock, S. A. ; Samuel B. Graves (1997) The corporate social performance financial performance link. *Strategic Management Journal*, vol.18, n°4, pp. 303-319.

Wallerstein, I. (2000) De Bandoung à Seattle, c'était quoi le tiers-monde ? *Le Monde Diplomatique*, août 2000.

Weber, Max (1905/1991) *L'éthique protestante et l'esprit du capitalisme*. Agora. 285 p. (Presses Pocket)

Whetten, D. A. ; Rands, G. ; Godfrey, P. (2006) What are the responsibilities of business to society ? In Pettigrew A., Thomas H., Whittington P., *Handbook of strategy and management*. London : SAGE Publications. pp. 373-410.

Wittgenstein, Ludwig (2001) *Tractatus logico-philosophicus*. Paris : Gallimard. 128 p.

Environnement, Écologie et Développement
aux éditions L'Harmattan

Dernières parutions

PAYS (LES) ACP DANS LE COMMERCE MONDIAL
Foé Aristide
Depuis les années 2000, l'Union européenne négocie avec les pays ACP des Accords de Partenariat Économique (APE) en substitution aux anciens accords de Lomé et de Cotonou. Dans ce cadre, les pays du Sud concernés seraient amenés à ouvrir leurs marchés à la plupart des produits en provenance de l'Union européenne. Selon l'auteur, les pays africains n'ont rien à craindre des accords de partenariat économique. Il implore les gouvernements et autres autorités compétentes d'informer et sensibiliser leurs populations de la nécessité d'une relation nouvelle, gagnant/gagnant, avec les partenaires occidentaux.
(24.00 euros, 238 p.)
ISBN : 978-2-343-04638-9, ISBN EBOOK : 978-2-336-36097-3

UN EXEMPLE DE COOPÉRATION NORD-SUD
Margny-lès-Compiègne et Méhanna (France-Niger)
Hellal Dany - Préface de Jacques Arrignon
Par ce témoignage, l'auteur a souhaité évoquer les jalons d'un échange Nord-Sud, qui pourrait être l'histoire de n'importe quelle commune autre que Margny ou Méhanna, afin de donner à de nouvelles générations l'envie d'entreprendre des échanges et des projets à taille humaine, dans un monde où tout semble difficile. La coopération décentralisée permet de s'enrichir les uns les autres par les différents savoir-faire et fait ici découvrir un continent ou «solidarité» et «sens du bonheur» ont toute leur authenticité.
(10.50 euros, 70 p.)
ISBN : 978-2-343-03967-1, ISBN EBOOK : 978-2-336-36065-2

GUIDE DE L'ACCOMPAGNEMENT DES PORTEURS DE PROJETS D'AUTO-EMPLOI
Rosanvallon André
En Afrique, la crise de l'emploi constitue un défi majeur pour les politiques de développement. Il faut créer massivement des emplois dans le secteur moderne (privé, public ou semi-public) et dans le secteur informel (à condition qu'il s'agisse d'emplois décents). Ces opportunités sont limitées. Il reste alors la création d'emploi par l'auto-emploi au sein d'activités génératrices de revenus. Il convient

aujourd'hui de renforcer les dispositifs, d'accompagner les porteurs de projets et de renforcer les compétences de leurs agents.
(Coll. La Librairie des Humanités, 18.00 euros, 174 p.)
ISBN : 978-2-343-00319-1, ISBN EBOOK : 978-2-296-53114-7

TERRES RARES : ENJEU GÉOPOLITIQUE DU XXIe SIÈCLE
Chine, Etats-Unis, Europe, Japon, Groenland
Degeorges Damien - Préface de Per Stig Moller, ancien ministre danois des Affaires étrangères (2001-2010) ; postface de Palle Christiansen, ministre groenlandais de l'Éducation, de la Recherche et de la Coopération nordique
Groupe de métaux aux caractéristiques indispensables pour de nombreuses applications civiles et militaires, les terres rares se retrouvent dans les technologies vertes ainsi que dans les technologies au coeur de notre société (téléphones portables, écrans plats). Elles revêtent une dimension géopolitique majeure depuis que la Chine, qui contrôle 97% de la production mondiale, a réduit ses exportations. États-Unis, Europe et économies de l'Asie-Pacifique se tournent désormais vers un des principaux eldorados en la matière : le Groenland.
(Coll. Un autre regard / Paris School of Business, 10.50 euros, 78 p.)
ISBN : 978-2-336-00222-4, ISBN EBOOK : 978-2-296-50837-8

DES EXTRÊMES DANS LE MONDE, DE DHAKA À DOHA
Le Quément Joël
Cet essai interpelle sur des réalités économiques et sociales fortement inégales dans le monde, en particulier en Asie et dans le golfe Persique. Le XXIe siècle se caractérise par une forte croissance de la population dans certaines régions du monde et par des flux migratoires puissants. Que dire des tensions nées de ces déséquilibres ? Comment répondre à l'explosion des besoins en alimentation, énergies, infrastructures ? Y a-t-il des formes nouvelles de partage des richesses possibles ?
(14.00 euros, 126 p.)
ISBN : 978-2-336-00313-9, ISBN EBOOK : 978-2-296-50933-7

DIMENSION (LA) SACRIFICIELLE DE LA GUERRE
Essai sur la martyrologie politique
Mashimango Abou-Bar Abelard - Préface de Pascal Hintermeyer
Voici une analyse polémologique fondée sur une approche multidisciplinaire et une culture de la sociologie politique dont les suggestions - comme la ritualisation de la guerre, la martyrologie, les mythes, la question de l'honneur et du prestige, et la dimension sacrificielle des stratégies - conduisent, à la fois, à l'examen exploratoire de la dynamique guerrière et à une réflexion approfondie des conflits armés contemporains.
(Coll. Questions contemporaines, 22.50 euros, 226 p.)
ISBN : 978-2-336-00363-4, ISBN EBOOK : 978-2-296-50824-8

DIMENSIONS OF WAR
Understanding War as a Complex Adaptive System
Solvit Samuel
With today mutable identities and various kinds of warfare, how do we further our understanding of war? Reviewing influential war theories from Machiavelli

to the present, this book analyses how they reduce war in terms of time, space, interaction, purpose, aim, and/or evolution. Considering war as a complex adaptive system allows us to increase our overall comprehension of contemporary wars.
(Coll. Diplomacy and Strategy, 15.50 euros, 152 p.)
ISBN : 978-2-296-99721-9, ISBN EBOOK : 978-2-296-50839-2

UN MONDE DE FEU
Réchauffement environnemental et surchauffe sociale
Berger Corinne, Roques Jean-Luc
Les phénomènes de surchauffe environnementaux et sociaux observés de nos jours semblent difficilement maîtrisables. Le monde est plus que jamais en feu. N'existe-t-il pas un certain parallélisme entre réchauffement environnemental et embrasement social ? Pour se protéger, on assiste à un retour au foyer que l'on retrouve dans des dynamiques de ségrégations territoriales. Ces comportements n'attisent-ils pas le feu ? Existe-t-il des solutions ?
(Coll. Sociologies et Environnement, 20.00 euros, 202 p.)
ISBN : 978-2-336-00453-2, ISBN EBOOK : 978-2-296-50940-5

SOLIDARITÉS (LES) À L'ÉPREUVE DES CRISES
Sous la direction de Béatrice Muller, Jean-Claude Barbier, Maryse Bresson
Notre système de protection sociale n'a pas échappé aux réformes engagées en Europe dans le contexte de crise. Il est perçu à la fois comme un rempart à la crise et comme un obstacle à une reprise économique. Les auteurs tentent donc de comprendre comment ces différentes idées pénètrent les réalités des solidarités publiques et privées.
(Coll. Institut de la Ville et du Développement, 25.00 euros, 246 p.)
ISBN : 978-2-336-00322-1, ISBN EBOOK : 978-2-296-50987-0

ÉVALUATION (L') DES POLITIQUES PUBLIQUES
Défi d'une société en tension
Sous la direction de Gaëlle Baron et Nicolas Matyjasik
L'évaluation des politiques publiques constitue un instrument à disposition des pouvoirs publics pour engager les mutations nécessaires de leur action. Elle doit accompagner et si possible précéder ces évolutions. L'implication des citoyens et la diffusion grand public sont par exemple des réponses aux attentes de participation à la décision publique. L'évaluation doit aussi adapter ses méthodologies et identifier les priorités d'intervention.
(Coll. La Librairie des Humanités, 29.00 euros, 282 p.)
ISBN : 978-2-336-00445-7, ISBN EBOOK : 978-2-296-50864-4

ÉDUQUER À LA BIODIVERSITÉ POUR UN DÉVELOPPEMENT DURABLE
Réflexions et expérimentations
Matagne Patrick
Il était utile d'aborder d'une autre façon ce champ où biodiversité et développement s'entrecroisent dans une perspective pédagogique et expérimentale. Ce livre croise les scènes de la nature avec les scènes de l'homme et de la société. Voici un

manuel utile aux étudiants, enseignants, formateurs, chercheurs et éducateurs en environnement et développement durable.
(Coll. Biologie, écologie, agronomie, 13.00 euros, 112 p.)
ISBN : 978-2-296-99354-9, ISBN EBOOK : 978-2-296-50914-6

TERRE (LA), QUESTION VITALE AU XXIe SIÈCLE
Sous la direction de Belkacem Belmekki, Madhu Benoit, Michel Naumann, Joëlle Weeks
Comment l'Inde et l'Afrique ont-elles construit le rapport de l'homme à la terre ? C'est la quête d'une unité perdue et celle d'une possible reconquête de la terre que restitue cette étude. Elle se décline en trois mouvements : mythologies et religions offrent à la réflexion contemporaine un cadre intellectuel, spirituel et écologique. Le récit se clôture sur le thème d'une reconquête vitale qui allie spiritualité et développement durable, économie et écologie, richesse linguistique et patrimoniale.
(Coll. Discours identitaires dans la mondialisation, 23.00 euros, 230 p.)
ISBN : 978-2-336-00120-3, ISBN EBOOK : 978-2-296-50991-7

GENRE, CHANGEMENTS AGRAIRES ET ALIMENTATION
Sous la direction de Christine Verschuur
Cet ouvrage propose de donner matière à réfléchir sur les processus d'appauvrissement des paysannes et paysans. Près d'un milliard de personnes ont faim dans le monde et paradoxalement 70 % d'entre elles font partie de familles paysannes. Les ressources naturelles et techniques sont pourtant suffisantes pour assurer une alimentation correcte de l'humanité. Cet éclairage nouveau prétend contribuer à expliquer les inégalités d'accès à l'alimentation dans le développement rural.
(Coll. Cahier du genre et développement, 47.00 euros, 480 p.)
ISBN : 978-2-296-99303-7, ISBN EBOOK : 978-2-296-50608-4

ÉCOLOGIE ET ÉVOLUTION DU MONDE VIVANT (Volume 1)
Le vie est une transmission d'information
Godron Michel
Comment résoudre les problèmes écologiques mondiaux qui se posent aujourd'hui ? Quels changements de nos mentalités et quelles innovations techniques seront nécessaires ? Ce volume répond à la question «Qu'est-ce que la vie ?» Depuis qu'elle est apparue sur terre, l'évolution des êtres vivants a suivi un «modèle» écologique et cybernétique très général, qui a conduit à la biodiversité actuelle, qui dépend elle-même des climats et des sols.
(Coll. Biologie, écologie, agronomie, 54.50 euros, 612 p.)
ISBN : 978-2-296-55870-0

L'HARMATTAN ITALIA
Via Degli Artisti 15; 10124 Torino

L'HARMATTAN HONGRIE
Könyvesbolt ; Kossuth L. u. 14-16
1053 Budapest

L'HARMATTAN KINSHASA
185, avenue Nyangwe
Commune de Lingwala
Kinshasa, R.D. Congo
(00243) 998697603 ou (00243) 999229662

L'HARMATTAN CONGO
67, av. E. P. Lumumba
Bât. – Congo Pharmacie (Bib. Nat.)
BP2874 Brazzaville
harmattan.congo@yahoo.fr

L'HARMATTAN GUINÉE
Almamya Rue KA 028, en face
du restaurant Le Cèdre
OKB agency BP 3470 Conakry
(00224) 657 20 85 08 / 664 28 91 96
harmattanguinee@yahoo.fr

L'HARMATTAN MALI
Rue 73, Porte 536, Niamakoro,
Cité Unicef, Bamako
Tél. 00 (223) 20205724 / +(223) 76378082
poudiougopaul@yahoo.fr
pp.harmattan@gmail.com

L'HARMATTAN CAMEROUN
BP 11486
Face à la SNI, immeuble Don Bosco
Yaoundé
(00237) 99 76 61 66
harmattancam@yahoo.fr

L'HARMATTAN CÔTE D'IVOIRE
Résidence Karl / cité des arts
Abidjan-Cocody 03 BP 1588 Abidjan 03
(00225) 05 77 87 31
etien_nda@yahoo.fr

L'HARMATTAN BURKINA
Penou Achille Some
Ouagadougou
(+226) 70 26 88 27

L'HARMATTAN SÉNÉGAL
10 VDN en face Mermoz, après le pont de Fann
BP 45034 Dakar Fann
33 825 98 58 / 33 860 9858
senharmattan@gmail.com / senlibraire@gmail.com
www.harmattansenegal.com

L'HARMATTAN BÉNIN
ISOR-BENIN
01 BP 359 COTONOU-RP
Quartier Gbèdjromèdé,
Rue Agbélenco, Lot 1247 I
Tél : 00 229 21 32 53 79
christian_dablaka123@yahoo.fr

Achevé d'imprimer par Corlet Numérique - 14110 Condé-sur-Noireau
N° d'Imprimeur : 123726 - Dépôt légal : novembre 2015 - *Imprimé en France*

www.ingramcontent.com/pod-product-compliance
Lightning Source LLC
LaVergne TN
LVHW010953061026
849535LV00006B/1692
* 9 7 8 2 3 4 3 0 7 8 9 1 5 *